KÜCHENGESCHICHTEN UND (LEBENS-) REZEPTE

Zubereitet und serviert von Schreibenden
des Senioren-Kreativ-Vereines e.V. Halle

projekte verlag 188

Gestaltung des Buches: Susanne Berner (Vignetten)
                        und Andreas Richter
Textbetreuung: Wilhelm Bartsch
                        und Konrad Potthoff

ISBN 3-931950-03-4

Herausgeber: Senioren-Kreativ-Verein Halle

Repro und Druck: repromedia Leipzig AG

projekte verlag 188 GmbH i.G., Halle 1996, 1. Aufl.

Vorwort

Heute gelten unsere Erinnerungen und Beiträge der Küche und allem, was mit ihr zusammenhängt. Untrennbar gehört sie zum menschlichen Dasein und zu menschlicher Kultur. Ihr Bereich wird überall gepflegt, oft auf sehr originelle Weise. Der gemeinsame Tisch vereint Familien und Freunde und verschafft Wärme und Geborgenheit. Eine kleine Welt, die doch für die Belange der großen so wichtig ist. Welche Bewunderung verdienen Mütter, die in schwersten Notzeiten unter unwürdigen Bedingungen eine große Kinderschar ernähren mußten. Und der Erwachsene ist arm, der nicht eine gütige, alte Großmutter hatte, die neben den kleinen Leckerbissen für den Enkel in aller Einfalt ein Stück Liebe und Weisheit aus dem Erfahrungsschatz eines langen Lebens mit servierte. So stehen in den anspruchslosen, kleinen Beiträgen nicht die Rezepte im Vordergrund, sondern das menschliche Miteinander. Heitere Beiträge zum Schmunzeln wechseln mit besinnlichen und ernsten ab, die an die Not des Krieges und die schwere Zeit danach erinnern. Gleichaltrigen Lesern werden vielleicht ähnliche Begebenheiten einfallen, jüngere, die in der Küche mehr ein "Koch-Labor" sehen, dürfen sich ruhig wundern. Möge also diese kleine Broschüre eine freundliche und aufnahmebereite Leserschaft finden.

Gisela Brauer

Wir danken dem Land Sachsen-Anhalt
für die freundliche Unterstützung dieses Buchprojektes

Sauerteig und Zuckerschnecken
gibt das Leben uns zu schmecken

Gisela Brauer

In Großmutters Küche

Die kleine Welt die dich umgab
ist mir bis heute unvergessen
wie friedlich war der Stundenschlag
als ich an deinem Tisch gesessen

Im Herde schimmerte die Glut
anheimelnd knisterten die Scheite
und alles um uns her versank
es war, als gäb es nur uns beide

Ein kleines Mädchen hörte zu
was du erzählt aus frühen Tagen
sie waren hart, du mußtest oft
des Lebens schwere Bürde tragen

Doch unbeschädigt hat dein Herz
das Leid, die Sorgen überwunden
trotz Tod und Tränen hattest du
den Frieden in dir selbst gefunden

Du gabst ihn weiter, jeder fand
für Herz und Magen seine Speise
das Gute, das die Welt erhält
du mehrtest es auf deine Weise

Was du an Liebe ausgestrahlt
was deine Hand am Tisch gegeben
lebt unvergänglich in mir fort
als ein Gewinn fürs ganze Leben

Ursula Schmidt
Die Geschichte vom Meineid-Schnaps

Es war einmal einer jener kalten Nachkriegswinter. Im Ofen kaum Feuer - auf den mager gewordenen Körpern Pullover Marke "aufgetrennter Zuckersack" - im Kochtopf wenig. Nichts wärmte.

Da ging - wie ein Stern am Himmel aufleuchtet - ein Schreiben der vorgesetzten Behörde ein, des Inhalts, daß pro freier Arztpraxis ab sofort je Quartal ein Liter reiner Alkohol zur Verfügung stünde. Abzuholen gegen die eidesstattliche Erklärung, daß selbiger nur in der Praxis verwendet werden dürfte. Die große helle Flasche mit der wasserklaren Flüssigkeit wurde abgeholt, der Eid unterschrieben. Die Flüssigkeit duftete.

Großes Rätselraten. Bisher war man ohne Alkohol in der Praxis ausgekommen. Für Betäubung schien nach wie vor das entsprechende Medikament richtig. Da ging uns das gewisse Licht auf: Wir machen Schnaps! Er wärmt, macht heiter, läßt uns vergessen den unterschriebenen Eid. Am Morgen im Fahrstuhl auf die Stationen fahrend, hörte man nun nicht mehr nur kurze Informationen über den Zustand der Patienten, sondern Ratschläge, Rezepte und Erfahrungen über die Herstellung von Likören. Kollegen mit Gärten versuchten es mit Birnen- oder Pflaumenschnaps. Man lud sich ein, um zu probieren, und trat, innerlich gewärmt und fröhlich, den Heimweg durch den kalten Abend an.

Ich weiß nicht mehr, wer in unserem Hause auf die Idee kam, es mit der Herstellung von Zitronenlikör zu versuchen. Es wurde zunächst ein Knüller, das Rezept vielfach weiterzugeben, durchaus gelobt. Doch nun: Abend für Abend saßen wir, das Buch vor der Nase und vor uns: Zitronenlikör! Immer wieder Zitronenlikör! Das hält die beste Ehe nicht aus.

So kam als Rettung das Frühjahr heran, die Hühner begannen zu legen - was sich auch in der Praxis bemerkbar machte, und ich probierte eine Abwechslung: Eierlikör! Er wurde wunderbar! Doch zu seiner höchsten Qualitätsstufe gehört außer den Zutaten eine gute Portion Charakterstärke. Je länger er nämlich steht, still und unberührt, desto reifer und cremiger wird er. Hatten wir es beim Unterschreiben der eidesstattlichen Erklärung an Charakter fehlen lassen - jetzt wurde es ausgeglichen! Die Flaschen standen bis in die Adventszeit. Und wem es nicht zu viel Mühe macht, der probiere es noch heute:

Man nehme:
6 Eidotter (nur Dotter!),
$1/2$ Pfd. Puderzucker, etwas Vanillezucker,
verrühre lange bis zu einer glatten Masse,
füge langsam und andächtig

$1/2$ Liter kalte, ungekochte Milch hinzu und,
noch gesammelter, $1/4$ Liter reinen Alkohol
(er kann nunmehr aus der Apotheke sein),
fülle alles auf Flaschen, stelle diese weit,
weit weg und vergesse sie.
Na, dann Prost!

Helmut Reichmann

Das Küchenbüfett oder das fliegende Geschirr

Drei Meter im Quadrat ist das Zentrum, das Herzstück unserer Wohnung und Familie, die Küche. Zentrum der Wohnung, weil die kulinarischen Genüsse hier Ursprung und Ende fanden, und der Familie, weil hier Beginn und Ende des Gedankenaustausches unserer Familie stattfand.

Zum Zeitpunkt des Geschehens setzte sich unsere Familie aus zwei Erwachsenen, unterschiedlichen Geschlechts versteht sich, und zwei Jungen unterschiedlichen Alters, 5 und 8 Jahren, zusammen.

Die gemeinsamen Mahlzeiten beschränkten sich nicht nur auf die Huldigung des kulinarischen Genusses, sondern waren auch den Tischgesprächen sehr dienlich.

Hier kamen die Kinder zu Wort, was zwar gegen die "Guten Sitten" verstieß, dafür aber eine der wenigen Möglichkeiten einräumte, gehört und beraten zu werden.

Die ersten warmen Sonnenstrahlen kündigten das nahende Osterfest an. Sonne und Fröhlichkeit spiegelte sich auch im Antlitz der Kinder wider und weckte ihren Tatendurst. Das Mittagsmahl war beendet. Der jüngere meiner Söhne hatte sich einen festen Platz auf meinem Arm erobert und beherrschte von dort wie ein Ritter auf stolzem Rosse das Geschehen.

Sein älterer Bruder trachtete danach, ihm diesen Platz streitig zu machen.

In Anbetracht der Höhe, in der sich sein Bruder befand, nutzte er den Küchenstuhl als Startrampe seiner Unternehmungen.

Nicht jede Rakete trifft ihr Ziel und nicht jede Bemühung wird durch Erfolg gekrönt. So war es auch in diesem Fall. Im letzten Augenblick des Starts schienen ihn arge Zweifel ob der Richtigkeit seiner Strategien zu plagen.

Während Techniker in einem solchen Fall den Weltraumflug nicht zum Risiko werden lassen und eine Startverschiebung in Kauf nehmen, blieb für meinen Sohn nur die Alternative des Küchenschranks als Flugstop.

Unsere Familie verfügte, wenn man das Alter der Kinder berücksichtigt und die Anschaffungspreise der damaligen Zeit zugrunde legt, noch nicht über den Luxus einer "Standardwohnung" der Jetztzeit.

Der Küchenschrank, genauer das Küchenbüfett, bestand aus zwei Teilen und kam aus dem Nachlaß der Uroma. Es erwies sich als Startrampe völlig ungeeignet.

Damit ereilte uns der Schicksalsschlag wie ein Blitz aus heiterem Himmel. Denn wie Blitz und Schlag dicht aufeinander folgen, so verlief auch hier das Geschehen.

Die Hand fest um den Rand des Küchenbüfetts geklammert, segelte mir im buchstäblichen Sinne des Wortes mein Sohn mit dem Oberteil des Küchenbüfetts entgegen. Es war nicht nur inhaltlich Gewichtiges, was sich da auf mich zubewegte.

Da man schlecht an zwei Fronten mit gleicher Intensität kämpfen kann, ich nur noch eine Hand frei hatte, nutzte ich diese, um Schlimmeres zu verhüten. Es gelangen mir dabei drei wesentliche Dinge.

Der Platz meines Jüngsten wurde weiter gesichert. Der freie Fall des Älteren wurde mit dem Oberkörper abgebremst und das fliegende Küchenoberteil im Winkel von 45 Grad abgefangen.

Alte Möbel haben neben ihrem antiquarischen Reiz erhebliche Mängel bei technischen Details.

So war es auch hier. Das Küchenbüfett, nicht konstruiert für den Schiffsverkehr und für Kränkungen dieser Winkelbereiche, öffnete seine Schleusen, sprich Türen, und entließ die weniger oder mehr ortsfesten Waren von ihren angestammten Plätzen.

Alles in allem kam ein guter Wassereimer Scherben zustande. Daß neben dem Glas und Porzellan auch unser Mokkaservice, das aus welchem Grunde auch immer, den Weg in das Stubenbüfett nicht zurückgefunden hatte, das Zeitliche segnete, erhöhte lediglich den Effekt des Trauerspiels.

Da die Startversuche meines Sohnes bereits in der Anfangsphase der Kritik unterzogen, also im weiteren Verlauf von ihm ignoriert wurden, gab es Konsequenzen.

In deren Ergebnis erarbeitete er uns für die Osterfeiertage einen Speiseplan, mit dem er uns versicherte, das Wirtschaftsgeld so aufzubessern, daß uns der Verlust infolge der Wiederbeschaffung nicht so arg belasten würde.

Aus Gründen der Patentanmeldung entfällt die Veröffentlichung des Speiseplanes.

Unsere Kinder sind heute erwachsen. Doch wenn die Enkelkinder auch heute wieder die Küche als traulichen Ort des Beisammenseins, des Plauderns und Pläneschmiedens empfinden, scheint es, als ob die Zeit stehengeblieben wäre.

Charlotte Stürzebecher
Schwenkkartoffeln mit Apfelmus und Leberwurst

Welch merkwürdige Zusammenstellung, aber welch köstliches Gericht!

So jedenfalls denkt meine Familie. Vielleicht wird jemand, der aus Hamburg stammt, dies Gericht kennen; ich brachte es als Achtzehnjährige von dort mit und hatte damit im Elternhaus sofort Anklang gefunden. Und - es half ihm nichts - als damals mein guter Freund mich im Elternhaus besuchte, bekam er unter anderem dieses Essen vorgesetzt. Aber damit hatten wir ihm, dem halben Bayern, wohl doch zuviel zugemutet, und die Mahlzeit verlief, wie ich mich gut erinnere, etwas unbehaglich. Doch nicht die Schwenkkartoffeln waren der Grund, daß wir uns später in aller Freundschaft trennten.

Die Jahrzehnte vergingen. Meine eigenen Töchter waren inzwischen in dem Alter, daß sie "feste" Freunde hatten. Kurzfristig war angesagt, daß die Freunde der zwei Jüngsten sie gemeinsam im Elternhaus besuchen kämen. Natürlich schon zum Mittagessen! Da hatte es nun das Schicksal wahrscheinlich so gewollt: Wir hatten so herrliches selbstgekochtes Apfelmus, so schöne kleine zarte Pellkartoffeln! Meine beiden Töchter waren sich einig: Es gibt Schwenkkartoffeln! In mir stieg eine Erinnerung auf: Wie war das doch damals...? Nun ja, ich widersprach den Mädchen nicht, und zu Mittag gab es Schwenkkartoffeln mit Apfelmus und Leberwurst!

Kaum konnte ich beim Essen mein heimliches Lachen unterdrücken, als ich die Gesichter der beiden jungen Männer beobachtete! Verblüffung kämpfte mit Wohlerzogenheit, schließlich aßen sie, anfangs sehr vorsichtig, dann herzhafter, und zu meiner Beruhigung konnte ich feststellen, daß sie nicht nur ihren größten Hunger stillten. Meine Töchter triumphierten: Ihr Lieblingsgericht schien Gnade gefunden zu haben. Ob später noch kritische Anmerkungen kamen, weiß ich nicht. Jedenfalls - die ungewohnte Empfangskost erschütterte die Zuneigung der jungen Männer nicht.

Heute haben die beiden Paare schon die Silberhochzeit hinter sich, und Schwenkkartoffeln kocht man in ihren Familien, sobald es die kleinen zarten Kartoffeln und - wenn möglich - selbstgekochtes Apfelmus gibt.

Aber diese erste Mahlzeit bei den künftigen Schwieger-eltern hatte doch nachhaltigen Eindruck gemacht. Jetzt, nach vielen Jahren, gaben sie beide bei Gelegenheit lachend zu, daß sie damals für ihre Zukunft, was die Küche betraf, doch von einigen Zweifeln heimgesucht worden wären!

Rezept

Zarte kleine Kartoffeln in der
Schale kochen, schnell abziehen.
Inzwischen reichlich Butter erhitzen,
aber nicht bräunen!
Einen kleinen Schuß heißes Wasser dazu,
sehr viel gehackte Petersilie,
etwas Salz, die noch heißen Kartoffeln
darin schwenken.
Dazu möglichst selbstgemachtes Apfelmus
und feine Kalbsleberwurst essen!
Schmeckt delikat!

Ingeborg Prowatschker

Der Kartoffelsalat am Himmelfahrtstag

Als Studenten waren wir ewig hungrig. Von den Essenkarten, die es jede Dekade gab, mußten wir für das Mittag- und Abendessen, das wir in der Mensa einnahmen, die meisten Marken abgeben. Für den Rest der Abschnitte kauften wir sofort ein und aßen auch noch alles am gleichen Tag auf.

Es nahte der Himmelfahrtstag, und am "Männertag" wollten alle ins Grüne. Toni, Günter und Hans wollten mich mitnehmen, ich gehörte einfach dazu und wäre sonst auch allein gewesen. Es sollte ein Picknick stattfinden mit einem Kartoffelsalat, und ich wurde dazu verdonnert, ihn zuzubereiten. Am Tag vorher brachten sie die Zutaten, die sie bei ihren Freundinnen abgestaubt hatten.

Ich machte mich also an die Arbeit, kochte, pellte und schnitt die Kartoffeln. Dann würfelte ich Speck und Zwiebeln, ließ den Speck in der Pfanne glasig werden, tat die Zwiebeln dazu, wartete, bis alles schön braun war und schreckte mit Essig und Wasser ab, würzte mit Pfeffer und Salz und goß die noch heiße Mischung über die noch warmen Kartoffeln. Dann mengte ich alles vorsichtig durch. Ob nun auch alles schmeckte? Schließlich mußte man ja auch probieren. Es schmeckte, es schmeckte, es schmeckte einfach zu gut und ich war sehr hungrig. Ich nahm noch einen Löffel und noch einen. Jetzt mußte ich aber aufhören, schließlich sollten vier Personen satt werden. Aber einen letzten Löffel könnte ich mir doch wohl noch gönnen. Aber Schluß nun endlich, und schweren Herzens ließ ich alles in der Küche meiner Wirtin und ging in mein Zimmer. Um 10 Uhr wollten mich die Männer am nächsten Morgen abholen.

Ich war sehr früh wach, und sehr bald war ich fertig. Zum Frühstück hatte ich sowieso nichts zu essen, also mußte ich mich nur waschen und anziehen. Ich holte den Salat aus der Küche. Er roch immer noch sehr gut, oder war ich nur so hungrig? Vielleicht könnte ich noch zwei Löffel essen, das ging ja wohl noch an. Aber ich hätte nicht anfangen sollen, denn nun konnte ich nicht mehr aufhören, nach jedem Löffel kämpfte ich, doch der Schweinehund in mir siegte. Mein Gott, jetzt reichte es nur noch knapp für drei Personen. Ich hatte meinen Anteil schon verschlungen. Also würde ich heute mittag nichts mehr essen. Doch schon der Gedanke daran steigerte meinen Hunger. Denn ich war immer noch nicht satt und weiterhin aß ich und aß. Ich redete mir ein, daß ich sagen wollte, der Salat sei mißlungen, das würden sie glauben, und so verzehrte ich mit schlechtem Gewissen, aber gutem Appetit auch noch den letzten Rest. Entsetzen erfaßte mich: Sie nehmen dich mit und als Dank dafür mißbrauchst du ihr Vertrauen. Schließlich haben sie ja selber großen Hunger. Jetzt, wo ich satt war, konnte ich mich überhaupt nicht verstehen. Ich weinte in meinem Zimmer still vor mich hin. Die Wirtin sollte nichts merken, was würde sie von mir denken?

Schließlich kamen die drei Musketiere und sahen mein verheultes Gesicht und die leere Schüssel. Aber sie nahmen es nicht so tragisch, wie ich befürchtet hatte. "Wir werden schon Ersatz schaffen", sagten sie, und wir zogen los. Wir wanderten aufs Land, und bei jedem Bauernhof machten wir halt, und einer der Männer ging hinein, um für Futterage zu sorgen. Sie konnten gut reden, und ansehnlich waren sie auch. So kam es, daß es bei jedem Gehöft etwas für uns gab: Milch, Brot, Wurst oder Kuchen.

Satt und glücklich genossen wir die herrliche Frühlingslandschaft, ruhten an einem See von der Wanderung aus und kehrten am Abend müde und zufrieden auf unsere "Buden" zurück. Meinen Angriff auf den Kartoffelsalat hatten sie längst verziehen.

Warmer Kartoffelsalat

Zutaten:

750 g Kartoffeln

65 g Speck

50 g Zwiebeln

$1/4$ l Brühe oder Wasser

Essig oder Zitronensaft

Pfeffer und Salz

Zubereitung: Pellkartoffeln abkochen, pellen und in Scheiben schneiden. Speck und Zwiebeln würfeln. Speck in der Pfanne glasig werden lassen, Zwiebeln dazutun, alles schön braun werden lassen und anschließend mit Essig und Wasser (bzw. Brühe) abschrecken. Diese noch heiße Mischung über die noch warmen Kartoffeln gießen. Alles vorsichtig durchmengen und durchziehen lassen.

Klaus Peschke
Die erste Weihnachtsgans

Alle Jahre, in der Weihnachtszeit, hatte mein Vater seine Bedenken, des Bratens wegen. Ob er auch reichte und so.

Schließlich war es nicht einfach, eine achtköpfige Familie davon zu überzeugen, daß ein Kaninchen hinter dem Schwanz aufhörte. Es war eben leider Gottes nicht länger. Für ihn als Haushaltsvorstand wurde diese Frage jedes Jahr kritischer. Wir Kinder wurden immer größer und wollten immer mehr essen. Kurzum, er sorgte vor. Er hatte schon beizeiten vorgesorgt und bereits Ende April fünf Gänseküken besorgt.

Zwei der Kücken hatten sich gleich nach drei Tagen in der Decke, mit der er sie nachts zudeckte, das Leben genommen. Ob sie ahnten, was ihnen bevorstand? Die drei anderen hatte er gehütet wie seine Augäpfel. Sie nahmen zu, an Alter, Weisheit und Gewicht. Letzteres war ihm am wichtigsten.

Dann war die Zeit gekommen, in der er die Früchte seiner Arbeit ernten wollte. Eine Nachbarin war bereit, eine der weißen Gänse zu töten. Das Weitere wäre dann unsere Sache.

Unser "Oskar" war also nicht mehr. Das Würgen, das mein Vater während dieser Prozedur im Halse verspürte, ließ nach. Aber auch das beklemmende Gefühl des Bratens wegen verschwand. Dieses Mal würde er größer ausfallen!!!

Zuerst überließ er es meiner Mutter, ihre Kunst beim Rupfen zu versuchen. Er gab ihr lediglich "fachmännische" Ratschläge, die sie aber unbeachtet ließ. Nach einer Stunde drückte sie meinen Vater auf einen Stuhl und warf ihm "Oskar" in den Schoß. Jetzt war also der Vater an der Reihe. Na, er wollte es ihr schon beweisen. Da sollte sie sich einmal eine "Scheibe abschneiden"! Die Oberfedern gingen zum Teil noch ganz gut raus. Die Kiele, die er nicht mit den Fingern erwischen konnte, zog er einfach mit der Flachzange heraus. Dann aber kamen die Daunen - und mein Vater ins Schwitzen!

Meiner Mutter wurde diese Sache zu dumm. Sie nahm ihm die Gans wieder ab. Er ließ sich in seinem Eifer aber nicht abschütteln, und so rupften sie beide mit vereinten Kräften drauflos.

"Oskar" wollte sie scheinbar noch nach seinem Tode veralbern. Das Luder hatte unter den Federn noch ein dickes Fell, wie ein Kaninchen.

Nach drei Stunden hatten beide die Nase voll. Sie brannten eine Kerze an und begannen, "Oskars" Fell abzusengen. Es fing an zu stinken. Wir Kinder, die wir auf dem Hof spielten, liefen zum Fenster und fragten, ob Lumpen verbrannt würden.

Mein Vater machte meiner Mutter den Vorschlag, ganz einfach "Oskar" die Haut "über die Ohren zu ziehen". Sie tippte sich nur kurz an den Kopf und sah ihn mitleidig an. Die Gänsehaut! Ausgerechnet *die!*

Sie einigten sich, mit dem Rupfen aufzuhören. Die paar Kiele und kleinen Federchen konnte sich Weihnachten jeder selbst beim Essen rauspolken. Das war ja nicht so schlimm!

Mein Vater hatte vorher noch versucht, "Oskar" mit dem Rasiermesser zu bearbeiten. Da er ihn aber, auf Grund unseres Protestes, nicht einseifen durfte, bekam er auch nur einige Fusseln ab.

"Soll doch der Rest an der Pelle bleiben! Mir egal!" schimpfte er vor sich hin. Dann wetzte mein Vater das Messer. Sieben Mann hoch saßen wir inzwischen um den Tisch herum und wollten seine chirurgischen Kenntnisse bewundern.

Nun also lag "Oskar" vor ihm, wie ein Kranker auf dem Operationstisch.

Mit einem kühnen Schwung stach er "Oskar" das Messer in den Leib. Sofort kam eine dreckige graubraune Brühe gelaufen. Mein jüngster Bruder fragte: "Vati, ist das Gänsefett?"

Vor Aufregung hatte er sogar "ja!" gesagt. Aber, er wurde vorsichtiger. Mit kleinen Schnitten öffnete er "Oskar" immer weiter. Wir bestaunten ihn voller Ehrfurcht!

Alles war wieder in Ordnung, nur die Gurgel wollte nicht heraus - er konnte ziehen, wie er wollte. Der Hals wurde krumm und krümmer, die Gurgel aber blieb drin!

Jetzt bekam er von uns allen Ratschläge zu hören. Gutmütige, und von meiner ältesten Schwester ironische.

Er wußte keinen Ausweg mehr. Plötzlich kam ihm die Erleuchtung. Unter einem Vorwand schickte er meine Mutter und uns Kinder aus der Küche, um uns lästige Zuschauer loszuwerden.

Als er mit unserem lieben "Oskar" allein war, bat er ihn um Verzeihung für das, was jetzt kommen sollte. Er legte eine Zeitung auf den Fußboden und "Oskar" darauf.

Dann zog er einen Hausschuh aus, um den Leichnam nicht zu beschmutzen, setzte ihm einen Fuß auf die Brust und zog aus Leibeskräften mit beiden Händen an der Gurgel.

Hurra! Sie kam! Aber nicht allein. Meine Mutter und meine älteste Schwester, Sie wissen schon, die ironische, standen zur gleichen Zeit in der Tür.

Weihnachten wollte keiner mehr Gänsebraten essen. Nun mußte mein Vater doch ein Kaninchen schlachten. Nein, lieber gleich zwei, denn das eine reichte ja wieder nur bis zum Schwanz.

Mein Vater und "Oskar" waren also Weihnachten allein. Seine beiden Stallgefährten ließen wir an Altersschwäche sterben.

Diese Schinderei wollte Vater nicht wieder mitmachen.

Günter Klein

Der Wandschmuck

Nach Absolvierung eines mehrwöchigen Lehrganges auf einer Polizeischule war ich nun endlich wieder zu Hause. Erfreut hatte ich festgestellt, daß meine Frau die Zeit meiner Abwesenheit genutzt hatte, die Küche zu renovieren. In unserer Wohnung hatten wir eine große Wohnküche. Ihrem Zweck entsprechend wurde sie tapeziert. Alles sah wieder sauber und ordentlich aus. Gegen Mittag kamen die beiden größeren Kinder aus der Schule, während der Kleinste zu Hause war. Er ging nicht in den Kindergarten. Meinem Wunsch entsprechend, gab es an diesem Tag eine Erbsensuppe. Ich aß sie so gern. Wir nahmen am Küchentisch Platz, und meine Frau teilte das Essen aus. Ein gemeinsamer Wunsch auf guten Appetit, und friedlich begannen wir zu essen.

Die Ruhe hielt jedoch nicht lange an. Eines der Kinder machte Unfug, und schon fing das Gekicher an. Man merkte doch, daß der Haushaltsvorstand mehrere Wochen fort war. In aller Höflichkeit ermahnte ich die Kinder, mit dem Gekicher aufzuhören und ordentlich zu essen. Meine ruhigen Worte erreichten scheinbar genau das Gegenteil. Es trat keine Stille ein. Mein böser Blick bewirkte gar nichts. Sollte ich nun, gerade wieder nach Hause gekommen, gleich schimpfen? Es half nichts, eine ernsthafte Ermahnung mußte sein. Für zwei Minuten war Ruhe eingetreten, dann ging es wieder los. Jetzt packte mich die Wut. Mit meinem achtungserregenden: "Himmelkreuzbombenelement", eine Überlieferung von meinem Vater, donnerte ich los. Meine Worte unterstrich ich mit dem Faustschlag auf den Tisch, das heißt, ich wollte es tun. Dabei beachtete ich nicht, daß der Löffel im Suppenteller steckte. Ich hob die Faust, ließ sie nach unten sausen, traf aber nicht den Tisch, sondern gerade den Löffelstiel. Die Hebelwirkung hob den Löffel, gestrichen voll mit Erbsensuppe, aus dem Teller. Die Erbsen flogen, wie von einer Rakete angetrieben, durch die Küche. Gut verteilt klebten sie als Wandschmuck an der neuen Tapete, die Flüssigkeit auf dem Tischtuch. Die Kinder hielten sich den Mund zu, um hinter der Hand das Lachen zu unterdrücken, was ihnen aber nicht gelang. Mein "Himmelkreuzbombenelement" von vorhin kam einem Flüstern gleich, gegenüber dem, was ich nun von meiner Frau zu hören bekam. Eine schimpfte, drei lachten und nur ich, der ich für Ruhe sorgen wollte, saß mit zusammengekniffenem Mund und geducktem Kopf am Tisch. Ich sagte keinen Ton mehr. Die

Spuren meines Löffelstarts konnten, nachdem sich die Aufregung gelegt hatte, von der Tapete beseitigt werden.

Für mich war es eine Lehre. Bei ähnlichen Begebenheiten nahm ich vorher den Löffel vom Teller.

Gisela Brauer
Auch eine Küchengeschichte

Mit Schwiegermüttern ist das immer so eine Sache. Auch die Unscheinbarste hat Eigenschaften und Fertigkeiten, die unerreichbar sind. Vor allem kochen sie bestimmte Gerichte so individuell, daß man es ihren Herren Söhnen nie recht machen kann.

Im allgemeinen konnte ich nicht klagen. Mein Mann - durch Arbeitsdienst, Krieg und Gefangenschaft zehn Jahre von der Familie getrennt, aß immer mit großem Genuß, was ich ihm vorsetzte. Wenn da nicht die Thüringer Klöße seiner Mutter gewesen wären. Sobald er sich daran erinnerte, strahlte er, und sie schienen so köstlich gewesen zu sein, daß selbst die Götter Nektar und Ambrosia dafür getauscht hätten. Ich dagegen schien dafür zwei linke Hände zu haben, und so kamen sie auch nicht oft auf den Speiseplan.

Eines Sonntags kam er nun gutgelaunt in die Küche, schnupperte den Bratenduft und meinte treuherzig: "Dazu wünsche ich mir heute Thüringer Klöße." Nun, Klöße hatte ich schon dazu vorgesehen, aber solche aus gekochten Kartoffeln, die auch schon bereitstanden. Als er nun mein bestürztes Gesicht sah, meinte er wohlwollend: "Ich werde heute mal kochen. Mein Vater hat auch oft geholfen." Zum Entzücken der Kinder band er sich eine große Kittelschürze um, so daß selbst der Zweijährige voll Stolz sagte: "Der Papa ist heute die Mutti."

Unser Ältester wurde in den Keller geschickt, schöne, große Kartoffeln hochzuholen, und ich suchte indes für meinen Mann unter hundert gesammelten Rezepten den Brief meiner Schwiegermutter hervor, in dem sie mir wohlwollend nach der Hochzeit die Zubereitung aufgeschrieben hatte. Das Schälen der Kartoffeln war kein Problem, aber der Sack zum Auspressen fand vor den Augen meines Mannes keine Gnade. Er wünschte ein festeres Material. Das festeste Material fand sich nach langem Suchen auf dem Boden eines großen Reisekoffers, in welchem ich schon die Sommersachen - die jetzt nicht mehr benötigt wurden - eingepackt hatte. Es war steif wie ein Brett und keineswegs geeignet, aber das konnte ich meinem Mann nicht klarmachen. "Daraus werden wir einen Sack machen, der hält ein Leben lang", meinte er. Im Wohnzimmer wurde die elektrische Koffernähmaschine hervorgeholt und dafür Decke und Blumen vom Tisch verbannt. Leider ließ sich die benötigte Verlängerungsschnur nicht auffinden. Sie hing nicht an dem vorgesehenen Haken in der Abstellkammer. Ratlos zuckte ich die Schultern. Wann hatte ich sie zuletzt gehabt? Die Großen wurden gefragt. Im Kinderzimmer in allen Ecken gesucht, bis sich mein Sohn daran erinnerte, daß er kürzlich im Keller etwas gelötet hatte und sie sicher noch unten lag. Dort fand sie sich dann auch.

Doch schon kam das nächste Dilemma. Für den dicken Stoff war die Nadel zu fein und brach ab. Jetzt wurde ich wirklich nervös, während mein Mann ungerührt meinte: "Du hättest nie Experimentalphysiker werden können. Das ist doch eine Kleinigkeit. Ich werde den Sack selber nähen. Such nur mal schnell eine stärkere Nadel heraus und gib mir einen kleinen Schraubenzieher."

Die Essenszeit war inzwischen längst herangekommen. Ungerührt aßen die Großen einen Apfel nach dem andern. Dem Kleinen fielen die Augen zu. Wie ich geahnt hatte, ließ sich das derbe Material wirklich nicht von Hand auspressen. Aber ein Wissenschaftler gibt nicht so schnell auf. "Nehmen wir diesmal ausnahmsweise die Schleuder." Die Schleuder war in unserer "Perex" eingebaut und die Waschmaschine voll gestapelter Kleinwäsche. Während ich diese schweren Herzens auspackte, weil nun auch noch das Bad in Mitleidenschaft gezogen wurde, hielt mein Mann seinen Sprößlingen einen Vortrag über Zentrifugen im allgemeinen und die Zentrifugalkraft im besonderen, was diese kichernd zur Kenntnis nahmen. Der ungewohnte Sonntagvormittag bereitete ihnen offensichtlich großes Vergnügen. Leider zeigte sich auch jetzt die Sprödigkeit des Materials. Der Sack lag wie ein Stein auf der einen Seite der Schleuder, und erst nachdem wir den Inhalt in zwei andere Säcke umgefüllt hatten, rotierte die Schleuder gleichmäßig. Ich weiß nicht mehr, wie ich es geschafft habe, inmitten dieses Durcheinanders den erforderlichen Brei zu kochen, mit dem die Kloßmasse gemischt wurde. Auch die Pfanne mit den gerösteten Brotwürfeln stand bereit und das dreimal an- und ausgestellte Wasser zum Sieden. Jedenfalls war mein Mann dann hochbefriedigt, als die Klöße eingelegt wurden. Mit Kennermiene nahm er mein schönstes Tischtuch aus dem Schrank, holte eine gute Flasche Wein und schmunzelte: "Die ist heute ehrlich verdient".

Und dann saßen wir endlich am Tisch. Aber noch bevor ich den ersten Bissen in den Mund stecken konnte, sah ich an den Mienen der Kinder, daß die Klöße keineswegs himmlischer Qualität waren. Auch mein Mann war wohl der Meinung, denn er aß bedeutend weniger als sonst und schien sich mehr am Wein gütlich zu tun. Glücklicherweise war er ein Gemütsmensch, und so zog er sich nach Tisch in seinen Lieblingssessel am Fenster zurück, um sich mit einem Fachbuch von der ungewohnten Anstrengung zu erholen. Mir blieb es dann vorbehalten, alles wieder an den gewohnten Platz zu räumen und Abwasch und Küche zu erledigen.

Wenige Tage später, beim Friseur, als ich gedankenverloren in einer Ausgabe des Magazins blätterte und schon den obligatorischen Republiksnackedei bewundert hatte, stieß ich plötzlich auf ein Interview, das mich hellwach machte. Da wurden einem Stargast Fragen gestellt:

Was ist ihr Lieblingsbuch....

Was ist ihr Lieblingskomponist....

Was ist ihr Lieblingsessen....

Wovor graut ihnen....

Und die Prominenz hatte u.a. geantwortet:

Am liebsten esse ich sonntags Thüringer Klöße - eine Köstlichkeit, aber leider das Gericht, bei dem sich unweigerlich auch die geordnetste Küche in kurzer Frist in ein heilloses Chaos verwandelt.

Echte Thüringer Klöße

Für 10 - 12 Klöße werden benötigt:

3000 g große Kartoffeln

1 Eßl. Salz

2-3 Brötchen für Brotwürfel

50 g Butter

Zwei Drittel der Menge (2000 g) schälen, waschen, reiben. Stärke auswaschen. Kloßmasse im Sack auspressen. Die restlichen Kartoffeln zu einem dünnen Brei kochen. Den heißen Brei über die zerkrümelte Reibemasse geben, schnell verrühren und kneten. Klöße formen, in die Mitte die gerösteten Semmelwürfel eingeben. In leicht siedendem Wasser 15 Minuten ziehen lassen. Frisch servieren.

Sigrid Emmerich

Die Hühnerbouillon

Nach der faden, immer gleich schmeckenden "IG-Einheitstunke" des Kantinenessens freuten Vater und ich uns auf das von Mutter so liebevoll zubereitete Abendessen.

Mutter, wie gewiß auch jede andere Hausfrau, verstand es aus dem Wenigen etwas zu zaubern. Es war in dem mageren Jahr nach Kriegsende. Eines Abends.

"O, Hühnerbouillon! Wie bist du zu einem Huhn gekommen?"
"Na, eßt nur mal."
"Schmeckt ausgezeichnet!"
"So etwas habe ich seit meiner Kindheit nicht wieder gegessen."
"Nun, erzähl doch endlich, wo hast du das Huhn her?"
"Gefunden."
"Gefunden? Wo findet man heute Hühner?"
"An einem Gartenzaun."
"Ach?"
"Als ich vom Einkaufen kam, sah ich an einem Zaun vier Hüh-

nerköpfe liegen. Ich habe sie aufgehoben und mitgenommen."
Nun wurde kriminalistisch hin und her erwogen und ohne Schwierigkeit festgestellt, daß jemand Hühner gestohlen, ihnen kurzerhand den Garaus gemacht und die Köpfe liegengelassen haben mußte.

Dank der geduldigen, sorgfältigen Säuberung und Zubereitung dieser Köpfe durch unsere Mutter waren wir noch bescheidene Nutznießer eines ungeheuren Diebstahls.

Edelgard Keilhoff

Ein Tag bei Oma in der Küche

Sehr gern fuhren Jörn und Dan zu ihren Großeltern. Dort war nach Meinung der beiden Knirpse alles viel besser als zu Hause. Die Schnitten waren dünner, dafür aber dicker belegt, man durfte länger fernsehen und mußte erst später ins Bett. Das Allerschönste aber war, daß Oma und Opa immer Zeit für sie hatten. Und dann der Grießbrei, den Oma kochte! Er schmeckte viel besser als bei Mutti zu Haus. Schön war auch, daß sie beide der Oma in der Küche helfen durften, was ihnen immer Spaß machte. Heute nun waren Gehacktesklößchen zum Mittagessen angesagt, und Oma hatte ihnen schon lange versprochen, daß sie die Klößchen selber mengen durften. Um Streit zwischen Jörn und Dan zu vermeiden, bereitete Oma zwei Schüsseln vor und teilte das Gehackte. Zuerst band Oma ihnen eine Schürze um, und dann durften sie mengen. Das war mit einer Hand, wie Oma gesagt hatte, gar nicht so einfach, und kurz entschlossen nahm Dan beide Hände, und mit Wonne bearbeiteten die beiden das Hackfleisch, das noch nie so gründlich gemengt worden war. Die Klößchen waren dann aber auch sehr unterschiedlich in Form und Gewicht, doch zufrieden und mit hochroten Wangen zeigten beide ihr Werk vor. Natürlich schmeckte das Essen heute besonders gut, und stolz berichteten die Knirpse dem Opa von ihrer Arbeit.

Am Nachmittag ging Oma mit beiden an die frische Luft, und nach Herzenslust konnten sich die Kinder austoben. Oma schimpfte auch kein bißchen, als die Hosen dabei ein wenig schmutzig wurden. Auf dem Heimweg fragte Oma dann: "Na, was wünscht ihr euch heute zum Abendbrot?" Wie aus der Pistole geschossen riefen beide: "Grießbrei!" "Aber Kinder, den wünscht ihr euch ja jedesmal!" "Ja, Omi, bei dir schmeckt er auch so besonders gut!" Zu Haus bereitete die Omi erst einmal ein Bad und steckte die beiden in die Wanne. "So, Kinder", sagte sie, "jetzt wird gebadet, und wenn ihr schön schmuck seid, gibt's den obligatorischen Grießbrei!" Da guckte Jörn, der größere der beiden, die Oma erstaunt an und sagte: "Ach Oma, jetzt weiß ich endlich, warum dein Grießbrei so gut schmeckt! Das kommt, weil er obligatorisch ist!"

Peter Stassen

Der Küchenknall

Wer wollte bezweifeln, daß Küche und Herd seit jeher der Anfang und der Hort aller menschlicher Kultur und der familiären Eintracht waren? Dies sogar noch mit Abstrichen im Zeitalter der industriell vorgefertigten Nahrung. So schmeckt mir das Einfachste aus der eigenen Küche immer noch besser als das Beste von Mac Donalds oder von anderen reklamegepriesenen Anbietern.

Seit altersher ist aber auch überliefert, daß das Kochen, Bakken und Braten Frauensache ist, und so sehen sie es bis heute nicht gern, wenn sich die Männer voreilig und neugierig in ihre Angelegenheiten mischen.

Doch die Zeiten ändern sich, und so auch die Rollenverteilung bei der humanen Reproduktion. Das hatte der gute August Bebel in seinem Buch "Die Frau und der Sozialismus" zwar schon vor hundert Jahren vorhergesehen, aber Althergebrachtes ändert sich nur langsam.

Erst heute mit dem Einsatz der Wissenschaft und Technik eröffnet sich dem Manne in der Küche ein neues Betätigungsfeld, denn letztere hat ihre Tücken. Man kann sich zwar auch mit dem Kochlöffel verletzen, aber an den vielen Maschinen und Apparaten heutigen Standards lauern Gefahren, denen eine vorsichtige Frau wie die meine lieber aus dem Wege geht.

Obwohl ich selbst auch zur Einfachheit und zur Nostalgie neige, habe ich bisweilen solche Küchentechnik gekauft, oft als Verlegenheitsgeschenk. Man macht die Mode eben mit und besorgt neben dem Notwendigen auch überflüssigen Kram, der dann jahrelang ungenutzt herumsteht.

So war es auch mit unserem Dampf-Schnellkochtopf, den ich eines Tages anschleppte, um unsere Ernährung zu reformieren. Vorweg sei gesagt, daß ich mit meinem "Geschenk" wenig Gegenliebe erweckte und daß meine Frau ihn sicherlich niemals ohne mein Zutun benutzen würde. Dennoch mußte ich eines Tages eine Probe wagen, einmal um dem Fortschritt zum Durchbruch zu verhelfen, und zum anderen, sie von der Harmlosigkeit des Ganzen zu überzeugen. Es sollten Nierchen weichgekocht werden. Die brauchen für gewöhnlich lange Zeit und verbreiten obendrein nicht die angenehmsten Gerüche. Das sollte fortan alles anders werden! In höchsten Tönen pries ich meine Errungenschaft an. "Du wirst sehen, die werden weich wie Butter", deklarierte ich aus innerster Überzeugung, "und es riecht kein bißchen." "Du mußt aber dabeibleiben!" ordnete sie an.

Gesagt, getan. Nach der programmierten Zeit wollte ich das Wunder lüften. Ihn abzukühlen, wollte ich den Topf ins kalte Wasser stellen. Dazu kam ich aber nicht mehr, denn ein Riesenknall ließ das Geschirr im Schrank erklirren. Aus dem Gasherd fauchte eine Stichflamme, und ein Schlag traf mich an der rechten Schulter. Instinktiv drehte ich den Haupthahn ab. Alle Gefahr war gebannt. Schreckensbleich standen wir uns gegenüber. Vor uns der zerschmetterte Herd und das Corpus delicti ohne seinen Inhalt. Ein Nierchen klebte an der Decke, ein anderes hatte sich in der Gardine verfangen. Der Rest fand sich erst später an den unmöglichsten Stellen. Erst jetzt spürte ich, daß ich ganz schön etwas abbekommen hatte. Meine Schulter begann zu schmerzen, und in meinem Gesicht brannte es wie Feuer. Der heiße Dampf hatte mich übel zugerichtet. Ich behielt für mich, was mir geblüht hätte, wenn der Deckel anstatt meine Schulter mein Gesicht getroffen hätte. Daß ich jetzt trotz allen Mitgefühls eine Belehrung über mich ergehen lassen mußte, ertrug ich mit Würde. Mutter hatte wie immer wieder einmal recht mit ihrer Besorgtheit. Tapfer machte ich mich sofort aus dem Staub, um kurz vor Ladenschluß, es war ein Sonnabend, noch schnell eine Kochplatte zu besorgen. Zum Glück hatte man in den "1000 Dingen" noch eine für mich. Es war wie so oft die letzte.

Nur gut, dachte ich, daß es nur mich getroffen hatte. Vielleicht wäre es sonst eine Angelegenheit für den Staatsanwalt geworden. Die Versicherung bezahlte zwar unbesehen, aber die Küche mußte völlig renoviert werden. Das war meine Strafe. Trotzdem hat dieses Mißgeschick mich nicht entmutigt, auch weiterhin unsere Arbeitsteilung beizubehalten, nur eben auf traditionell-handwerkliche Art und Weise. Auch sind mit der Zeit einige kleine Hilfsmaschinen dazugekommen, die ich unter Aufsicht und bei Beachtung aller Arbeitsschutzbestimmungen benutze. Aber obwohl ich gerne koche und nasche, überlasse ich lieber meiner Frau das Küchenregiment.

Doch was wäre ein Rentnerehepaar, welches sich nicht jeden Tag von neuem die Frage stellte: "Was kochen wir morgen?", und gehören nicht auch die gemeinsamen Küchengespräche zu einer harmonischen Altersbeziehung? Bei aller Überzeugt-heit von der Emanzipation der Geschlechter tut der kluge Mann aber gut daran, auch in der Küche seiner Frau das letzte Wort zu belassen, und dies nicht zu seinem Nachteil.

Erika Mielisch

Karpfen blau

Eines Tages erstand mein Mann einen Karpfen - im wahrsten Sinne des Wortes, denn wir lebten in einer Zeit, als das noch eine Rarität war. Bis dahin hatte ich noch nie einen Karpfen zubereitet oder dabei zugesehen. Wann hätte schon in der Kriegs- oder Nachkriegszeit eine solche Delikatesse auf den Tisch kommen können! So ging ich denn mit einigen Ängsten an das schwierige Werk, hieß es doch, nicht immer gelänge einem ein Fisch wirklich blau. Außerdem war diese Mahlzeit für uns auch eine einigermaßen kostspielige Angelegenheit.

Da konnte schon Nervosität aufkommen. Also mußte das Schulkochbuch von Dr. Oetker, gespendet von einer Westtante, Hilfe leisten. Darin fand ich unter allgemeinen Regeln: "Fische, die blau gekocht werden sollen, dürfen nicht geschuppt werden. Die blaue Farbe entsteht durch den Farbstoff und Schleimgehalt der Haut, die deshalb nicht verletzt werden darf. Man reinigt solche Fische, ohne sie viel anzufassen."

So getan, setzte ich den Karpfen nach Vorschrift in die Fettpfanne, übergoß ihn anweisungsgemäß mit heißem Essigwasser, setzte ihn der erforderlichen Zugluft aus und siehe da - er wurde tatsächlich blau. Auch das vorsichtige Umsetzen auf eine Porzellanplatte gelang, und auch beim Dünsten im Backofen über dem sich bildenden Essigdampf aus der Fettpfanne behielt der kostbare Fisch seine Blaufärbung. Nach der Dünstzeit von 40-50 Minuten - die Rückenflosse ließ sich, wie angesagt, gut herausziehen - brauchte das Prachtexemplar nur noch mit zerlassener Butter übergossen zu werden, und fertig war das lukullische Mahl.

Stolz trug ich meinen ersten Karpfen blau auf den bereits mit allem übrigen festlich gedeckten Tisch. Der Schmaus konnte beginnen. Sanft ließen sich prächtige Stücke von den Gräten abheben, doch dann - was war das für ein bitterer Beigeschmack? - wurde ein schlimmes Mißgeschick sichtbar: Ich hatte in der Aufregung vergessen, den Karpfen auszunehmen!

Edelgard Keilhoff

Die Graupensuppe

Hurra, wir haben Ferien! Es war ein sehr schöner Sommer, und wir vier Geschwister freuten uns diesmal ganz besonders, denn wir durften die Ferien auf einem großen Bauernhof bei unserer Tante in Klein Himstedt verbringen. Doch kurz vor der Reise traten irgendwelche Schwierigkeiten auf und es ergab sich, daß Mutti mit meinen Geschwistern schon eine Woche eher losfuhr und Vater mit mir allein zu Hause blieb. Er tröstete mich schnell. Ich müßte ja jetzt als kleine "Hausfrau" ihn versorgen, was mich natürlich ganz stolz machte. Es klappte auch alles sehr gut, denn Mutti hatte ja einiges dafür vorbereitet.

Doch heute war meine Aufgabe etwas größer. Ich mußte noch einkaufen. Dazu brauchte ich die Lebensmittelkarte, um Gräupchen zu kaufen. Suppengrün und Petersilie gab es ohne Karte nur für Geld. Kartoffeln hatte Vati schon aus dem Keller geholt. Es sollte Graupensuppe geben.

In der Küche legte ich mir alles zurecht, band eine Schürze um und machte mich an die Arbeit. Zuerst putzte ich das Suppengrün und gab es in den Topf mit der Brühe. Dann schälte ich drei Kartoffeln, schnitt sie in kleine Würfel und tat sie dazu. Nun schüttelte ich soviel Gräupchen in die Brühe, daß die Suppe nicht zu dünn und nicht zu dick war, machte das

Gas an und stellte den Topf drauf. Die Suppe sah schön bunt aus, genau wie bei Mutti. Ab und zu rührte ich noch mal um, denn sie durfte auf keinen Fall anbrennen. Unterdessen brachte ich die Küche wieder in Ordnung und hatte eigentlich viel Spaß dabei. Bis mir nach einiger Zeit meine Suppe zu dick vorkam. Ich schüttete ein bißchen Wasser dazu und schon war der Schaden behoben. Doch nur für kurze Zeit, denn es wurde immer dicker und dicker und nun auch noch der Topf zu klein. Ich nahm einen größeren, schüttete alles um und gab reichlich Wasser dazu. Von der Brühe schmeckte man kaum noch etwas, deshalb würzte ich mit Salz nach. Es dauerte aber gar nicht lange und das Dilemma begann von vorn. Der Topf wurde wieder zu klein. Das hatte ich bei Mutti noch nicht erlebt, und es wurde mir unheimlich. Ich nahm einen noch größeren Topf, stellte ihn auf den Fußboden und hatte bei der "Umfüllaktion" tüchtig Mühe. Etwas ließ ich im Topf zurück und machte noch mal Wasser dazu. Nun kam es einer Graupensuppe schon etwas ähnlicher. Allerdings war vom Suppengrün kaum noch etwas zu sehen, von der Brühe schmeckte man nichts mehr und die Kartoffelstückchen mußte man suchen. Was hatte ich falsch gemacht?

Nun bekam ich es mit der Angst zu tun. Den großen Topf brachte ich vorsichtshalber in den Keller, denn die Menge im kleineren Topf reichte sowieso für zwei Tage. Als Vati kam, sagte ich sofort, daß die Suppe etwas dick war und ich noch

Wasser dazugeben mußte, deshalb sei sie nun so reichlich. Doch als er den kleineren Rest in der Graupentüte sah, sagte er sofort: "Na, für die vielen Graupen, die du genommen hast, ist es aber sehr wenig Suppe!" Nun rollten schon meine Tränen, und ich berichtete ihm, daß der große Topf mit dem Rest im Keller stehe. Da schmunzelte er, tröstete mich und zauberte noch eine wohlschmeckende Suppe aus meiner verunglückten. Den Rest aus dem Keller holte meine Oma ab, denn umkommen durfte nichts.

Klaus Peschke

Weihnachtsplätzchen

Weihnachten ist die schönste Zeit des Jahres. Nicht so sehr des Wetters, als der Plätzchen wegen.

Mit viel Freude bereitet meine Frau dann einen Teig, nach einem Rezept, mit dem schon ihre Großtante gebacken hatte. Die gute alte "Tante Marie" hatte uns zu ihren Lebzeiten immer wieder mit ihren schmackhaften Plätzchen überrascht. In eine Schüssel werden 1000 g Mehl hineingesiebt, dazu kommen 1 Backpulver, 2 Vanillezucker und eine Prise Salz. Danach werden nacheinander 4 Eier, 500 g Zucker, 500 g weiche Butter hineingerührt. Mit ein wenig Milch, dem Saft einer Zitrone oder Apfelsine wird der Teig verfeinert. Abschließend wird etwas Schale einer heiß gewaschenen Apfelsine hineingerieben. Dann wird er kräftig durchgeknetet, bis er geschmeidig ist.

Anschließend muß er eine Nacht lang in der Kälte des Kühlschrankes ruhen. Am nächsten Tag dann wird er portionsweise gleichmäßig dünn ausgerollt. Mittels verschiedener Formen sticht meine Frau die Plätzchen aus dem Teig, welche dann zu Dutzenden auf das Backblech gelegt werden. Um nicht jedesmal das Blech frisch einfetten und mit Mehl einpudern zu müssen, wurde es vorher mit Backpapier belegt. Schließlich wird das erste Blech in die vorgeheizte Backröhre geschoben, und die Plätzchen bei 130° C auf mittlerer Schiene gebakken. Bei der Menge des Teiges können mehrere Bleche mit Plätzchen gebacken werden. Dann allerdings erscheint meine Mitwirkung erforderlich. Dann endlich werde ich gebraucht.

Ich setze mich auf die Fußbank und sehe in die Röhre. Nicht die Fernsehröhre, sondern die Backröhre. Sie muß schon etwas gelitten haben, weil sie unterschiedlich bräunt. Ich möchte die Situation mit einem Zitat aus der Operette "Hochzeitsnacht im Paradies" schildern: "Es kommt auf die Sekunde an...", denn genau zur rechten Zeit muß das Blech gedreht werden. Aber, nicht mit den Plätzchen nach unten! Nein, das Vorderteil des Bleches kommt jetzt nach hinten.

Das ist nicht nur bloßes Zusehen! Meine Tätigkeit ist von äußerster Wichtigkeit. Wenn meiner Frau ein Fehler passiert, wenn sich die Plätzchen nicht gleichmäßig vom Tisch abnehmen lassen, oder es reißt ein Plätzchen ein, noch ehe es gebakken ist, das ist alles kein Problem. Dann wird der Teig eben wieder zusammengeknetet, neu ausgerollt und frisch ausgestochen.

Fertig! Aber - ein Fehler bei meiner verantwortungsvollen Tätigkeit hätte verheerende Folgen! Wer schon möchte verbrannte Plätzchen essen? Wenn ich nicht richtig aufpasse, verderben die Plätzchen! Es erfordert schon eine Menge Fingerspitzengefühl und jahrelanges Training, ehe man zu einer solchen Meisterschaft gelangt. Wenn dann das Fest gekommen ist und die Kinder und Enkel unsere Plätzchen mit Genuß knabbern, dann schwillt auch mir ein wenig die Brust vor Stolz.

Denn ich habe ja auch meinen Teil zum guten Gelingen der Plätzchen beigetragen.

Ingeborg Prowatschker
Die Klütersuppe

Zu den unliebsamsten Erinnerungen an meine Schulzeit gehört der Unterricht im Kochen. Damals gab es für Jungen und Mädchen noch getrennte Schulen, und in meiner Schule war in gewissen Abständen (wie oft, weiß ich nicht mehr) ein Vormittag für dieses Fach vorgesehen.

Morgens begann es mit dem Einkauf. Mehrere Schülerinnen wurden ausgewählt, die notwendigen Zutaten zu besorgen. Die Aufgabe bestand darin, am kostengünstigsten einzukaufen. Um jeden zu viel ausgegebenen Pfennig machte unsere Lehrerin, Frau Hinrichs, einen furchtbaren Zirkus. Außerdem mußten wir mit weißem Kopftuch, weißer Küchenschürze und einem großen Einkaufskorb durch die Straßen spazieren, was für uns einem Spießrutenlauf gleichkam. Wenn wir außer Sichtweite waren, verschwanden Kopftuch und Schürze sofort im Korb und wurden erst in Schulnähe wieder hervorgeholt. Nach dem Einkauf wurden die Preise für das vorgesehene Gericht für vier Personen genau in Reichsmark errechnet.

Eines Vormittags stand Klütersuppe auf dem Speiseplan. Das ist ein typisch mecklenburgisches Gericht, bei uns zu Hause wurde es oft und gern gegessen, aber es zu kochen hatte ich so meine Schwierigkeiten. Im Kochbuch heißt es: Man rührt so viel ganze Eier, wie man Liter Suppe haben will, mit Mehl zusammen, bis daraus eine dickflüssige Masse wird, die eben vom Löffel läuft. Diese Masse läßt man über einen Quirl in die kochende Milch tropfen... usw.

Die Schwierigkeit für mich bestand darin, das richtige Maß an Dickflüssigkeit zu erreichen. Zuerst gerieten die Klüter zu dick, ich mengte ein wenig Wasser dazu. Nun waren sie zu dünn, also gab ich unauffällig Mehl dazu, leider in der Aufregung zu viel, und wieder hatte ich einen festen Teig. Also griff ich wieder zum Wasser, und schon war alles erneut zu dünn. Nach einer weiteren Zugabe von Mehl stellte ich fest, daß ich für die Milchsuppe zu viel Klüter hatte, und so ließ ich einen Teil des Teiges ungesehen in der Schürzentasche verschwinden. Nach weiteren mehrmaligen Versuchen waren meine Taschen vollständig gefüllt, auch sagte mein Verstand mir, daß das eine verwendete Ei überhaupt keine Wirkung mehr haben würde, aber an die Eier kamen wir nicht heran. Die anderen Schülerinnen waren schon fast alle fertig, und ich hatte die notwendige Dickflüssigkeit für meine Klüter immer noch nicht erreicht. Ich schwitzte vor Angst, denn jeden Augenblick konnte die Lehrerin kontrollieren. Was sollte ich nur tun? Ich bat meine Mitschülerinnen, ihre Taschen mit dem überflüssigen Teig zu füllen, aber die hatten Angst, ertappt zu werden. Frau Hinrichs jedoch kam immer näher!

Aber dann war mir doch das Schicksal gnädig. Mehrere Schülerinnen hatten herumgealbert und den Zorn der Lehrerin erregt. Wir mußten zur Strafe alle sofort in den Kartoffelkeller und schlechte Kartoffeln aussortieren. Dort allein gelassen, machten wir unseren Herzen Luft. Alle schimpften um die Wette. Ich nahm die Gelegenheit wahr, meine überflüssigen Klüter aus der Schürzentasche mit den Abfällen zu mischen und damit verschwinden zu lassen. Ich war also noch einmal davongekommen, denn wir durften nicht mehr in die Küche, sondern mußten in den Klassenraum zurück.

Wir hatten nicht beachtet, daß das Fenster am Kellerlichtschacht geöffnet war, unsere Lehrerin hatte alles mit angehört. Die Strafpredigt war gewaltig, daß sie auch berechtigt war, bedachten wir damals nicht.

Im Kochen bekam ich im Zeugnis die Note 3, denn ich verhielt mich bis zuletzt unauffällig. Damit war ich sehr zufrieden. Das Kochen habe ich nämlich eigentlich erst im Rentenalter richtig gelernt.

Erika Mielisch

Ostereier

Auf unserer Flucht aus Breslau verschlug es uns auf Umwegen vorbei an dem brennenden Dresden in den damaligen Sudetengau. Im Dorf Dürnbach bei Eger, von einem Bauern nur ungern aufgenommen, hatten wir Schwierigkeiten, uns einigermaßen zu ernähren.

So auch Ostern. Da wurde ich, welch große Freude, zu einem riesigen Osternest gerufen mit, so schien es mir, Hunderten buntleuchtender Eier. Erwartungsvoll ließ ich mich willig zusammen mit anderen Flüchtlingskindern und dem gesamten "Gesinde" des Hofes um das Mammutnest drapieren. Vermutlich war auch die Bauernfamilie dabei; ganz gewiß aber nicht die im Freien hinter Stacheldraht als Zwangsarbeiter gehaltenen Gefangenen. -

Dann kam der große Augenblick: Es wurde ein sicher sehr prächtiges Gruppenfoto mit strahlenden Gesichtern geschossen und danach -, ja danach konnte ich wieder gehen, ohne ein einziges Ei bekommen zu haben.

Mein Vater muß wohl arg erbost gewesen sein darüber, denn von da an saß er häufig auf einer Bank im Hof und beobachtete sehr genau, wohin die braven Gutsherrenhennen ihre Eier legten, und er beobachtete das nicht nur.

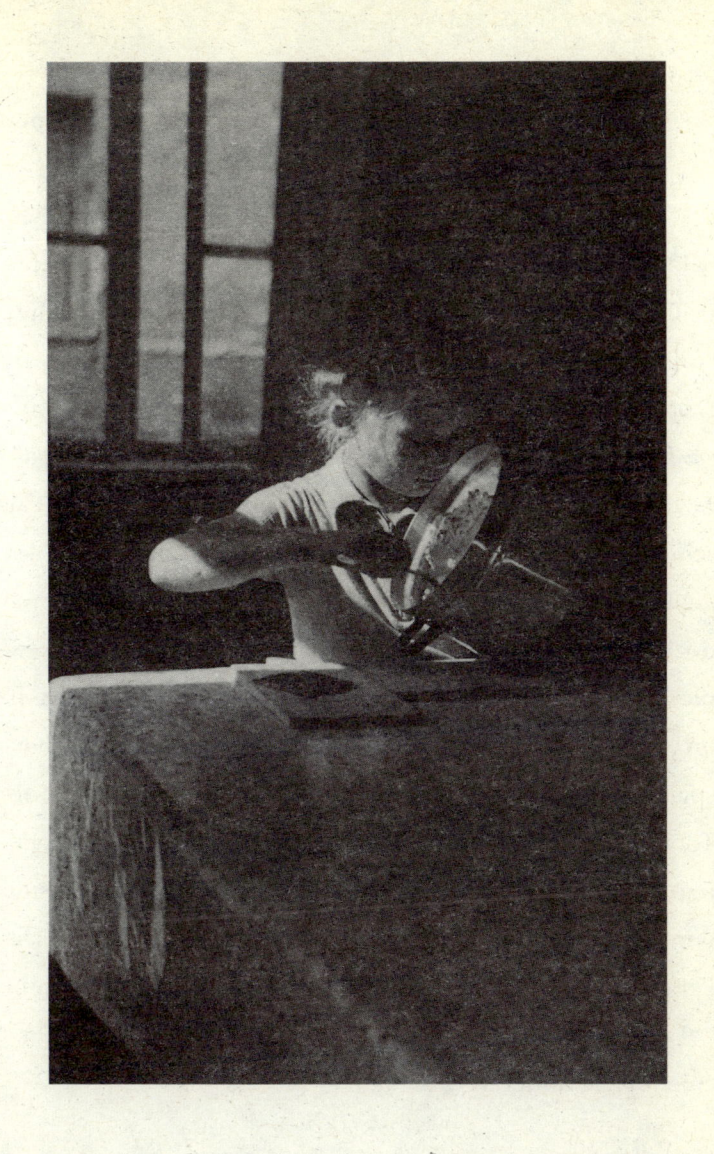

Die Phantasie den Koch verführe
schon manchmal vor der Küchentüre

Elsa Friedrich

Bierhappen

Was gibt man seinen Gästen zum Bier? Kräcker natürlich, Salzgebäck. Die Auswahl ist groß! Nicht 1951! Um eine runde Geburtstagsparty auszurichten, mußte man schon tüchtig "organisieren", wie das damals hieß. Also was hätten wir? Das Wichtigste haben wir, Öl. Es ist Herbst, Äpfel und Sellerie kein Problem. Ein paar Salamischeiben können wir abzweigen. Alles klappt wunderbar. Aber eine weitere Geschmacksrichtung wäre nicht schlecht. Ob es auch mit Käse geht? Warum eigentlich nicht? Ein paar Scheiben könnten wir doch zurechtschneiden. Also los! Aber ach, oh Schreck, explodiert womöglich der Topf? Nein, es ist eine Kettenreaktion von spritzenden Püffen. Ohnmächtig sehen wir dem Schauspiel zu, bis endlich wieder Ruhe einkehrt. Und siehe da, im Topf schwimmen lauter leere groteske Teighüllen. Die Spannung löst sich auf in Heiterkeit. Richtige Sonntagsköche sind wir. Heutzutage könnte uns das nicht mehr passieren. Der Fettgehalt ist auf jeder Käsepackung angegeben. Trotzdem, auf den Käse würde ich doch lieber verzichten. Es gibt ja jetzt eine Menge anderer Varianten.

Aus Backteig herzustellen wie Eierkuchenteig

Zutaten:

125 g Mehl

1 Ei

1 Prise Salz

1 EL Öl

$1/_{10}$ l Bier, Wein oder Milch

evtl.1 Messerspitze Backpulver

oder 1 Löffel Rum

Öl zum Ausbacken

Was kann man ausbacken:

Schwarzwurzeln

Selleriescheiben

Rosenkohl

Spargelstücke

Scheiben von Wurst oder Schinken

Apfelscheiben mariniert

Apfelsinenscheiben

Bananenstücke in Rum mariniert

halbe Pfirsiche, Aprikosen, Pflaumen

Fischfilets

Elli Kettmann

Strunzelsuppe

Die Jahre 1945/47 waren für uns die "Hungerjahre". Obwohl wir auf dem Hof eines Großbauern lebten, waren wir ärmer als Kirchenmäuse. Tauschobjekte für Hamsterfahrten besaßen wir als Ausgebombte und Umsiedler nicht. Das im Herbst auf den Feldern Gestoppelte (Nachlese auf abgeernteten Feldern) war schnell verbraucht. Was es auf Lebensmittelkarten gab, war oft minderwertig und reichte nicht lange. Aber fünf Kinder hatten oft Hunger, und der Suppentopf konnte nicht groß genug sein. So wurde in dieser Zeit alles zu einer Mahlzeit verarbeitet, was irgendwie eßbar erschien. Auf diese Weise konnte man wenigstens für kurze Zeit ein Gefühl des Sattseins vermitteln. Da gab es Rübenblätter und Kartoffelschalen, Brennesseln und Löwenzahn, geklautes und zermahlenes Hühnerfutter. Möhren und Kohlrüben gehörten schon zu den Delikatessen, wenn man in der Suppe ein verirrtes Kartoffelstückchen fand. Unserer erfinderischen Mutter noch nachträglich ein großes Dankeschön!

Die Kartoffel war in jenen Jahren für uns die allergrößte Kostbarkeit, die gehütet und gestreckt wurde, damit man möglichst lange etwas von ihr hatte. Einfach Kartoffeln mit Gemüse und einem Stück Fleisch - das mußte schon ein Festtag sein. Und davon gab es damals wenige in unserer Familie. Uns Kindern gelang es manchmal,. ein paar Kartoffeln vor der Verarbeitung zu Schweinefutter zu retten. Ein schlechtes Gewissen hatten wir dabei nicht. Das Erwischenlassen wäre natürlich sehr unangenehm gewesen. Auf diese Weise wurde es möglich, daß wir - wenigstens einmal in der Woche - zu einer besonderen Kartoffelsuppe kamen. Wir nannten sie Strunzelsuppe. Dazu mußte ein großer Topf Wasser mit viel Maggiwürze (die gab es erstaunlicherweise in großen Mengen zu kaufen) zum Kochen gebracht werden. Dann wurden 3 bis 4 Kartoffeln einfach hineingerieben. Die Reststückchen wurden soweit verkleinert und mitgekocht, daß jedes Kind mindestens eines davon auf seinem Teller wiederfand. Durch kurzes Weiterkochen entstand eine durchsichtig - labrige Masse, die den Magen füllte und so schön nach Maggi schmeckte. Wer mit dem Auskratzen des Topfes an der Reihe war, das wurde vorher genau festgelegt.

Es waren schlimme Jahre. Sie haben uns geprägt. Noch heute fällt es schwer, Eßbares vorzeitig wegzuwerfen. Vielleicht könnte es ja noch irgendwie weiterverwertet werden?

Erika Mielisch

Die Kochkiste

Wißt ihr, wie eine Kochkiste aussieht? Unsere war eine normale Holzkiste mit Deckel, dick ausgeschlagen mit Zeitungen und alten Tüchern. Man kann aber auch eine Kochkiste imitieren, wie ich es heute noch tue, wenn ich Pilaw sanft ausquellen lassen will. Für den Pilaw, wie ihn meine Eltern in der Türkei kennenlernten, dünste ich Zwiebeln in Margarine, gebe den trockenen Reis darauf, fülle die zweifache Menge kaltes Salzwasser auf und bringe den Ansatz zum Kochen. Den heißen Topf verpacke ich mehrfach in Zeitungen, schlinge zum besseren Halt noch ein altes Tuch darum und stecke das Paket einfach ins Bett, wo der Pilaw in einer halben Stunde gemütlich quillt, ohne anzubrennen.

Wenn man damals 1945 nicht gerade gut mit Kochstellen ausgerüstet war, besaß man bestimmt eine Kochkiste. Aber nicht alle hatten eine solche nötig. - Als einmal ein Mädchen aus einer gutsituierten Familie von einem Kindergeburtstag heimkehrte, rief es begeistert aus: "Mutti, Mutti, stell dir vor, die Müllers besitzen ein beheiztes Kinderklosett."

Helmut Reichmann

Der Gänsebraten oder die Unsterblichkeit der Seele

Alle Jahre wieder kommt das Weihnachtsfest. Allgemein kann man davon ausgehen, daß Weihnachten nicht nur das Fest der Liebe und des Friedens ist, sondern auch das Fest kulinarischer Genüsse.

Würde eine Umfrage in den deutschen Landen gehalten, entschieden sich sicherlich 50 Prozent der Befragten für einen Weihnachtsbraten "Gans".

Wir waren schon einige Jahre verheiratet, doch bis zur Weihnachtsgans war das Vertrauen, das meine Ehefrau zu ihren Kochkünsten hatte, noch nicht gewachsen.

Damit soll nicht gesagt werden, daß an der Vielfalt und dem Geschmack der bisher zubereiteten Speisen etwas auszusetzen gewesen wäre. Selbst ich, der nicht alles essen würde, wie man mir nachsagte, obwohl ich immer wieder betonte: "Ich würde alles essen, aber viele Gerichte nicht gerne," war mit ihren Kochkünsten voll zufrieden.

Die Ursachen für den hinausgeschobenen Gänsebraten lagen vielmehr in der ungenügenden Vergangenheitsbewältigung von ihr.

Als Vierzehnjährige lernte sie bei einer Großbauernfamilie die Geflügelzucht. Zu diesem Berufszweig gehörte es, nicht nur das Geflügel aufzuziehen, sondern, wenn es die notwendigen Voraussetzungen erfüllte, auch um die Ecke zu bringen. Dieses in des Wortes ursprünglichster Bedeutung, nämlich ihnen schlechthin den Hals umdrehen, damit sie letztlich auf dem Küchentisch der "ganshungrigen Familien" landeten.

Die Qualifikation des Halsumdrehens konnte sie nicht erwerben, da ihr dazu die physischen und psychischen Voraussetzungen fehlten; sie sollten ihr auch weiterhin versagt bleiben.

In jedem lebenden Wesen ein Wesen mit Seele zu sehen und zu begreifen, ist ihr zutiefst eigen.

Doch sollte die trennende Hemmschwelle überwunden werden und dem Gänsebraten nichts mehr im Wege stehen. Die Gans war gekauft und mit ihren vollständigen Innereien lag sie nackt und bloß auf dem Sezierbrett des Küchentisches. Aus dem Radio erklang weihnachtliche Musik, und unser dreijähriger Sohn fühlte sich so richtig wohl, weil er sich nützlich machen konnte.

Er beobachtete alle Handhabungen genau und brachte die unterschiedlichsten Gerätschaften, die nun einmal bei der Vorbereitung des Weihnachtsschmauses notwendig waren, heran. Daß es dabei zu Verwechslungen der Begriffe kam, war natürlich und machte dadurch die heilige Handlung nur noch exzellenter.

Mit dem Küchenbuch in der Hand, als praktischer Ratgeber für alle Fälle, wurde an der Halshaut oberhalb des Rumpfes ein Längsschnitt gemacht, sodann Luftröhre, Speiseröhre und Kropf herausgezogen. Es mußten, nachdem die Haut an den Beinen eingeritzt wurde, die Füße fest angefaßt und die Sehnen mit einem kräftigen Ruck herausgezogen werden.

Nun wurde die Gans auf den Rücken gelegt und der Brustkorb durch einen ca. 6 cm langen Querschnitt geöffnet. Danach wurden die Eingeweide vorsichtig mit Mittel- und Zeigefinger von der Bauchhöhle gelöst.

Nicht alles verlief in so unkomplizierter Weise wie beschrieben. Die Sehnen erwiesen sich als äußerst zäh, und auch das Aufschneiden und Herausnehmen verlief nicht ohne Angstschweiß, da die Gefahr, die Gallenblase zu verletzen, nie ganz auszuschließen war.

Immerhin ist das Ausnehmen der Gans mit einer erhöhten Kraftaufwendung verbunden, und mit tiefer Erleichterung, nachdem die Prozedur beendet war, ließ sich meine Frau auf dem Küchenstuhl nieder, doch nur, um mit einem Schreckensschrei wieder emporzuschnellen.

Die Gans hatte laut und vernehmlich mit einem Todesschrei auf die ihr widerfahrende Tortur geantwortet.

Entsetzt und zitternd am ganzen Leib, starrte meine Frau auf das entseelte Tier. Es vergingen Sekunden, bis sie das Entsetzen überwand, die Ursache des Schreis erfassen und gedanklich richtig einordnen konnte.

Während der anstrengenden Tätigkeit des Ausnehmens hatte sie ihre fleißige Küchenhilfe völlig aus den Augen verloren. So kam es, daß mein Sohn, der eine Spielzeugente mit Quietschstimme ständig mit sich herumschleppte, diese just in dem Moment auf dem Küchenstuhl plazierte, als meine Frau erschöpft auf diesen herabsank.

Die Gans wurde sodann gebräunt, gebraten, mit Knödel und Rotkraut angereichert und zum Weihnachtsfest serviert. Allerdings konnte ich mich nicht ganz des Eindruckes erwehren, daß sich der kulinarische Genuß meiner Ehefrau in Grenzen hielt. Den Schrei der Gans konnte sie lange nicht verwinden, für die Familie hatte er sogar Langzeitwirkung. Eine Wiederholung des Gänsebratens hat es bislang nicht gegeben, aber noch viele andere schöne, leckere Weihnachtsbraten.

Günter Klein

Makkaronigericht

In den 50er Jahren hatten Irma und Rolf geheiratet. Nachdem Irma ihr Studium beendet hatte, bekam das Ehepaar nunmehr auch eine Wohnung in Altenburg.

Jung verheiratet, einen lieben und arbeitsamen Ehemann und eine eigene Wohnung: Was konnte sich Irma noch mehr wünschen? Nur an einem haperte es. Irma hatte während ihrer Schulzeit in einem Landschulheim und später bei ihrem Aufenthalt in einem Studentenwohnheim nie das Kochen gelernt. Wenn sie am Wochenende oder in den Ferien nach Hause kam, wurde sie von allem ferngehalten. Hauswirtschaft und Kochen erledigte ihre Mutter.

Nun stand Irma erstmalig allein in ihrer Küche. Rolf unterrichtete als Lehrer in einer Schule und kam mittags zum Essen. Er sollte ein ordentliches Mittagsmahl vorgesetzt bekommen. Irma entschloß sich, Makkaroni zu kochen. Ein Kochbuch fehlte noch in ihrer Wirtschaft. Vielleicht schenkte es ihr Rolf zum nächsten Geburtstag oder zu Weihnachten.

Die junge Hausfrau überlegte, wie sie die Makkaroni kochen muß. Da diese von Natur aus sehr hart sind, war es für Irma klar, daß sie erst mal eingeweicht werden. Also kaltes Wasser in den Topf, die Makkaroni gebrochen und hinein in das kalte Wasser. Nach ca. 30 Minuten nahm Irma die Makkaroni aus dem Wasser. Doch was war damit geschehen? Sie waren ja völlig zusammengeklebt. Egal, sie waren weich geworden und wurden, so gut es ging, voneinander gelöst.

Inzwischen hatte Irma in einem anderen Topf Wasser gekocht, Salz hineingetan und dann die Makkaroni hineingeworfen. Noch ca. 15 Minuten kochen und dann mußten sie fertig sein. Inzwischen kam Rolf nach Hause. Eine kurze Begrüßung, und Rolf wurde ins Wohnzimmer geschickt, wo die Mittagstafel festlich gedeckt war.

Aus Semmelbrösel und Butter wurde eine Schwitze gemacht, die über die Makkaroni kam. Irma nahm die Makkaroni vom Feuer und verteilte sie auf die Teller. Sie war gar nicht mehr entzückt von ihrem angerichteten Mahl. Die Makkaroni waren pappig und zu weich. Sie hatten überhaupt keinen Geschmack. Irma war dem Weinen nahe. Was wird Rolf zu dem mißglückten Essen sagen? Tapfer, die Tränen unterdrückend, tafelte sie ihr Essen auf. Ängstlich, selber kaum einen Happen zu sich nehmend, beobachtete Irma ihren Mann.

Rolf aß und lobte ihre Kochkunst. Nicht eine kritische Bemerkung. Er aß sich richtig satt und bedankte sich für das Essen. Irma fiel ein Stein vom Herzen, aber sie glaubte ihrem Rolf nicht. Ob es ihm wirklich geschmeckt hat?

Nach einiger Zeit berichtete sie ihrem Mann, wie sie die Makkaroni zubereitet hatte, und er berichtete ihr, daß es ihm nicht geschmeckt hatte, aber er wollte ihr nicht die Freude am weiteren Kochen nehmen, außerdem hatte er großen Hunger gehabt. Beide lachten herzlich über die Zubereitungsart. Inzwischen besaß Irma auch ein Kochbuch, das sie sehr bald nach dem mißglückten Essen von Rolf geschenkt bekam.

Inzwischen sind sie 40 Jahre verheiratet. Irma ist eine ausgezeichnete Köchin geworden (neben ihrer Tätigkeit als Lehrerin). Sie bereitet die feinsten Gerichte zu und nimmt nur sehr selten das Kochbuch zur Hand. Aber das erste Gericht wurde nie vergessen, und oftmals erzählen sie diese Anekdote.

Besinnlichkeit
darf niemals fehlen,
denn auch die ernsten
Stunden zählen

Gisela Stock

Das alte Kochbuch

Als ich zum Jahresende 1956 als jungverheiratete Frau nach Halle kam, war an eine eigene Wohnung natürlich nicht zu denken, und es blieb uns nur eins übrig: erst einmal in der Studentenbude meines Mannes in der Händelstraße 37 zu hausen - anders kann man es nicht nennen, denn unsere Wirtin vermietete nur „möbliert", was für uns hieß, daß wir in den sicher kostbaren, aber abgewohnten und höchst unbequemen Biedermeiermöbeln ihrer Vorfahren zurechtkommen mußten und nur ein altes Feldbett - eigentlich für eine Person gedacht - zum Schlafen hatten.

Trotzdem möchten wir die Erinnerung an diese zwei Jahre nicht missen, wenn wir im Winter beim Heizen auch immer fürchteten, der alte Eisenofen mit den schönverzierten Platten könnte auseinanderplatzen - die Flammen schlugen durch die beachtlich breiten Ritzen hindurch -, und wenn unsere Wirtin - eine verbitterte alte Krankenschwester, deren Mann in den Westen gegangen war - uns das Leben auch so schwer wie möglich machte.

Es gab zum Glück noch andere Menschen im Haus. Über uns wohnte ein hochbetagtes Fräulein, das mich immer außerordentlich freundlich ansah; manchmal wechselten wir ein paar Worte, wenn sie ausging, ihre Besorgungen zu machen;

unsere Hilfsangebote lehnte sie bis aufs Kohlentragen alle ab: sie käme noch gut zurecht.

Eines Tages paßte sie mich an der Treppe ab und bat mich in ihre Wohnung. Sie hätte das Gefühl, ihre Zeit wäre abgelaufen, meinte sie, und da sie sonst niemanden mehr hätte, möchte sie mir drei Dinge schenken, die ihr am Herzen lägen: ihre Aussteuertruhe, die ihr der Bruder gefertigt hatte, ihren Königskaktus, dessen riesige dunkelrote Blüten ich oft an ihrem Fenster bewundert hatte, und das berühmteste deutsche Kochbuch aller Zeiten, nämlich das von Henriette Davidis-Holle.

Eine Woche darauf war die alte Frau tot, Herzversagen. Sie stammte aus Thüringen und hatte viele Jahre als Köchin und Dienstmädchen in Halle gearbeitet. Durch ihre stille Freundlichkeit und die Geschenke an uns junge Leute hat die alte vereinsamte Marie Khern weitergelebt und uns begleitet: Die Bauerntruhe steht seitdem in unserem Schlafzimmer, der Kaktus hat uns noch lange mit seiner leuchtenden Blütenpracht erfreut, und das Kochbuch hat mir gute Dienste geleistet, wenn ihm auch der Geruch einer gewissen Spießigkeit anhaftet.

Neben sauber und zierlich eingetragenen Kriegsrezepten in deutscher Schrift, Rezepten aus Zeitungen und manchem anderen fand ich darin auch eine Anleitung zum Saftmachen; sie war aus einem Brief herausgerissen. Obstsaft habe ich auf diese alte Art nicht hergestellt, doch mochte ich den Zettel nie fortwerfen wegen der zwar ganz alltäglichen, aber anrührenden Sätze auf der Rückseite:

Stegkitz, den 12...
.... Liebe Rie...............................
....Zuerst das
Saftrezept..Über
3 Pfd. Beeren werden 2 Lt. kochendes Wasser ....gegossen, in welchem 40 Gr. Weinsteinsäure .... aufgelöst sind.
24 Std. stehen lassen, ...durch ein Sieb oder Tuch giessen. Auf
1 Lt. Saft, ...2 Pfd. Zucker,
nicht kochen oder erwärmen, nur öfter umrühren bis...........
der............ ....ganze Zucker sich..... .aufgelöst
hat. In Flaschen füllen, die ich immer mit ....aufgelöster ....Salizylsäure ausspüle, nur mit Mulläppchen
....zubinden, <u>später</u> kann............. man
auch zukorken. Gutes Gelingen!
   ... d, Früchten Joh-Him-Gelee eingemacht
....und meine Erdbeer.............die zu
dünn geblieben war mit Opetka verdickt. ....Marmelade,..........
.........ich nun genug, nur etwas Saft und einige..........wenige
Gläser Kompott...
   .... ann ist meine Einmacherei beendet.- Eben...kommt
der Junge nach Haus vollständig aufgelöst und matt, er scheint
...also nicht baden zu wollen, er ist gleich ins Badezimmer

verschwunden, um sich.... .... aufzufrische...............................
Er wird wohl mit Di..........orsts nochmal zusammen sein wollen, die in diesen....Tagen verreisen.- Heute morgen kam das...
kleine Bettcehn aus Bomsdorf, es steht nun in unserem Schlafzimmer..... quer vor den ..... Betten...........................und sieht
zu niedlich aus, wir freuen uns immer ....wenn .....wir es sehe
.... Ob wir nochmal ein Enkelkind so erwarten ....können?! Von Saackes h.....

Zu meiner Freude habe ich aber auch fast all unsere berühmten mecklenburgischen Rezepte in dem alten Kochbuch gefunden, die ich in den Hungerjahren nach dem Krieg nicht zubereiten gelernt hatte; meine Kochkünste beschränkten sich eher auf recht einfache Gerichte.

Nach dem Zusammenbruch des Tausendjährigen Reiches waren Kartoffelklöße mit Rotkohl - aus eigenem Anbau, als wir uns endlich ab 1946 wieder in unseren Hausgarten wagen konnten - ein Fest- und Sonntagsessen; da wir Brot kaum auftreiben konnten, gab es abends Bratkartoffeln oder die Kloßreste gebraten, in Wasser oder Kaffeeersatz, versteht sich.

...Unvergeßlich wird mir sein, wie wir im Winter zum "Abendbrot" den Tisch ans Fenster rücken mußten, um etwas zu sehen, denn bei uns herrschte immer Stromsperre, weil das Kraftwerk für unsere Region gegen Kriegsende zerstört worden war. So, wie der Mond wanderte, wanderten wir mit unserem Tisch hinterher; schien der Mond nicht, wurde in der Küche beim spärlichen Schein des Feuerherdes gegessen. Kerzen besaß niemand mehr, und Bismarcklichte gab es erst viel später in geringer Menge auf Zuteilung: Diese wurden nur für die Essenzubereitung am Abend verwendet, alle anderen wichtigen Arbeiten mußten bei Tageslicht erledigt werden, und die erzwungene Untätigkeit während der Dunkelheit haben wir uns zunehmend mit Geschichtenerzählen vertrieben. Das Kochbuch von „Rie" hat mir nach dem Studium, als sich die Zeiten gebessert und wir doch wenigstens ein bißchen Geld hatten, oft geholfen: Hin und wieder habe ich an Feiertagen, oder wenn wir Gäste eingeladen hatten, das eine oder andere Rezept ausprobiert.

Stets mit größtem Erfolg haben wir unsere mecklenburgische Weinsuppe angeboten: Peinliche Gesprächspausen traten bei uns nie auf, da diese Suppe zu Anfang auf den Tisch kommt; schon bald redeten alle mit leicht gerötetem Kopf munter durcheinander, auch wenn die Leute sich manchmal noch gar nicht kannten.

Sagosuppe mit rotem Wein.
Echter Sago wird zweimal mit heißem Wasser abgebrüht,
mit heißem, weichem Wasser aufs Feuer gebracht,
mit einem Stückchen Zimt weich gekocht,
was etwa 2 - $2^1/_2$ Stunden dauert
Perlsago, welcher aus Kartoffelmehl bereitet ist,
bedarf nicht des Abgießens
und nur einer Viertelstunde Kochens
Dann gibt man die gleiche Menge Rotwein dazu,
süßt die Suppe gehörig mit Zucker,
läßt sie bis zum Kochen kommen,
gibt einige Zitronenscheiben hinein und richtet sie an.
Man gibt Biskuit oder frischen Zwieback dazu
oder legt Eiweißklößchen darauf.

Ergänzen möchte ich, daß wir in die Rotweinsuppe Kirschen geben und als Gewürz zwei bis drei Nelken verwenden; natürlich kann man diese Suppe auch mit Weißwein bereiten, dann nehmen wir Rosinen und Apfelstücke als Einlage und ein Stückchen Zimtstange zum Würzen. Die Suppe kann im übrigen je nach Jahreszeit heiß oder kalt gegessen werden.

Ende der 70er Jahre haben wir uns einen Weinberg gekauft, um einen ruhigen Ort zum Rückzug aus der Großstadt und der beruflichen Belastung zu haben; wir konnten unsere Suppe nun von eigenem Wein kochen und haben gelernt, die Weinsorten zu unterscheiden. Die jährlichen Winzerfeste waren uns dabei eine Hilfe:

Das liebe ich

Das liebe ich:
Winzerfest nach der Ernte
sei sie nun gut gewesen
oder schecht
im Saal wie eine Scheune
bunte Bilder an der Wand

Das liebe ich:
fröhliche Menschen
die feiern wollen
vergessen wollen
die Mühe des Jahres
oft nur kärglich belohnt

Das liebe ich:
Weinprobe mit Weißbrot
lustige Sprüche
auch derbe Lieder
das Gewühl beim Tanz
das Klanggemisch aus Stimmen und Musik

Das liebe ich:

den angenehmen Rausch

von gutem Wein

das wortlose Einverständnis

mit Bekannten

und Unbekannten

Es hat eine Weile gedauert, bis wir bei diesen Weinverkostungen bemerkt haben, daß die verschiedenen Weine unserer Gegend wie Müller-Thurgau, Silvaner, Riesling, Weißburgunder, Traminer und Portugieser immer in der gleichen Reihenfolge serviert wurden; so war es für Eingeweihte nicht schwer, sie richtig zu bestimmen, wenn auch das Etikett beim Einschenken mit einer Serviette verdeckt wurde. Aber ein wenig kennen wir uns inzwischen wirklich aus...

Helmut Reichmann

Die Küchenuhr

Wie ein Metronom zerhackt in regelmäßigen Abständen die mit blauem Holländermuster emaillierte Küchenuhr die Zeit. Tick, tack, tick, tack, unbarmherzig, kalt und unpersönlich erscheint es einer alten Frau, die in der zwei mal zwei Meter großen und zwei Meter hohen Küche immer wieder ihren

Blick zur Uhr gleiten läßt. Eigentlich paßt sie so richtig gar nicht hinein in die kleine Küche, deren Bezeichnung klein noch zu groß erscheint, selbst das Sonnenlicht hat es schwer, durch das Fenster auf dem Umweg über den Hof einen Strahl hineinzuwerfen.

Tick, tack, tick, tack - Kruppstahl ist unverwüstlich, Zeit und Raum überdauernd. Wie magisch von ihr angezogen, sucht der Blick der alten Frau immer wieder die Uhr. Ihre Augen schauen wie durch einen Schleier, und langsam verschwimmt das Starre und Unpersönliche der Uhr. Auch das Tick, Tack erscheint wärmer, fröhlicher und verbreitet eine Sphäre von Licht und Freude. Da hängt sie wieder im hellen Raum der Wohnküche. Das Sonnenlicht drängt ungehemmt durch das offenstehende Fenster und überflutet förmlich alle Gegenstände in ihr, als möchte es jeden Teil vergolden. Kinderstimmen lärmen und es klappert das Geschirr, welches ein nahes Mittagsmahl ankündigt. Schnell noch die Hände gewaschen, ein kurzer Blick zur Uhr, es müßte doch - ja, die Türklingel mischt sich mit hellem Klang in das Stimmengewirr. "Der Vati, der Vati!", und schon stürmen sie zur Tür. Dann, der Tisch ist gedeckt und das Summen, Lachen und Tuscheln will nicht verstummen.

Tick, tack, tick, tack bringt das harte Schlagen der Küchenuhr die alte Frau in die Gegenwart zurück. "Wollte ich mir nicht eine Tasse Kaffee brühen", sagt sie laut vor sich hin, bleibt aber dann auf ihrem Küchenstuhl sitzen. Das vom Hof hereinfallende Sonnenlicht wird jählings durch eine Regenwolke verdeckt. Urplötzlich wird es auch in der kleinen Küche dunkler. Die Dunkelheit nährt die Erinnerungen.

Ein Novemberabend, schon kündigt sich der Winter an, grau in grau, wie das Ruinenskelett, das vor ihnen aufragt. Der Mann und die Frau blicken nach oben. "Meinst du, wir können es wagen?", fragt die Frau. Der Mann nickt nur. Vorsichtig und Stück für Stück, nicht nach unten sehend, bewegen sich die zwei auf der steinernen Treppe, die wie ein Wunder an den geborstenen Wänden des Hauses klebt, Stufe um Stufe hinauf. Endlich scheint es geschafft. Der Frau schwindelt, als ihr Blick durch die Mauerreste des vierten Stockes bis in den Keller fällt. "Sieh nicht nach unten", sagt der Mann. Behutsam umfaßt er die Frau und legt zu ihrem Schutz den Arm um sie. Da erkennt sie die Wand, die einmal zur Küche gehörte. Sie kann es nicht glauben, die Küchenuhr! Die Beschädigung am Lack ist kaum auszumachen durch die Schwärze, die der Rauch hinterlassen hat, den Fliegerbomben hat sie standgehalten. Es ist mehr als ein Wagnis, die Uhr von der Wand abzunehmen und mit ihr wieder nach unten zu steigen. "Heb sie auf", sagt der Mann, "sie soll uns Glück bringen, denn sie hat den Tod überdauert."

Wieder nimmt die alte Frau das harte Ticken der Uhr wahr. Du hast mir kein Glück gebracht, denkt sie jetzt vielleicht.

Er wollte doch nach Hause kommen, hatte es fest versprochen, jahrelang hing über der Tür eine Girlande mit dem Spruch "Herzlich Willkommen." Die Girlande hatte die Frau eines Tages verbrannt. Der Mann liegt vielleicht irgendwo unter den Trümmern der Ruinenstadt. Vielleicht steht schon wieder ein neues Haus über ihm. Man hat ihn nie gefunden.

Und die Kinder? Ja, Gott sei Dank, sie leben, gehen ihren eigenen Weg, wohnen weit weg. Haben immer wenig Zeit, wenn sie kommen. Sie arbeiten alle, sind froh, wenn die alte Frau gesund ist und sich selbst versorgen kann.

Sie schaut hoch, steht auf und geht mit müden Schritten in das Wohnzimmer. Sie wendet sich zum Fenster, das zu ebener Erde einen Blick auf die Straße freigibt. Ob sie auf ihre Kinder und Enkel wartet? Plötzlich scheint es still zu sein - die Küchenuhr hat aufgehört zu schlagen.

Charlotte Stürzebecher

Eigner Herd

Im ersten Sommer nach dem Ende des Krieges, nach unserer Flucht aus Westpreußen, lebten wir in einem kleinen Dorf, im Sperrgebiet unmittelbar an der Demarkationslinie, abgeschnitten von der übrigen westlichen Welt.

Mein Mann, der zu Ende des Krieges noch verwundet worden war, hatte nach seiner Genesung im Winter 45/46 auf dem ehemaligen Rittergut, das nun von Russen bewirtschaftet wurde, Arbeit als Gespannführer gefunden. Wir waren Flüchtlinge, Habenichtse, ohne eigene Wohnung. Da erschien es uns als ein großes Glück, daß uns im Frühjahr 1946 bei der Bodenreform ebenfalls eine Neubauernstelle zugeteilt wurde wie den ständigen Landarbeitern. Das bedeutete ja, daß wir nun endlich wieder eine Wohnung bekamen. Wir - das waren mein Mann und ich, unsere sechs Kinder und Wanda, eine Deutsch-Polin, die mit uns aus Westpreußen geflüchtet war.

Unsere Wohnung bestand nun aus vier kleinen Räumen und einer Küche in einem alten Tagelöhnerhaus auf dem riesigen Gutshof. Der größte und bemerkenswerteste Raum war die lange und schmale Küche! Sie besaß an der einen Schmalseite ein einziges, fast quadratisches kleines Fenster in der dicken Mauer, durch das das Tageslicht kaum noch in den hinteren entfernten Teil der Küche gelangen konnte. Hier hinten führte eine Tür direkt in den Stall, und gegenüber der Tür gab es, eingemauert aus altersbraunen Ziegelsteinen, einen riesengroßen Waschkessel, zugedeckt von einem schweren Holzdeckel. In meiner Vorstellung sah ich die Arbeitskleidung vieler Generationen in dem Kessel kochen, aber auch das Wellfleisch und die Würste vom winterlichen Schlachtfest. Ein anderes Mauerwerk schloß sich an eine Grude, wie ich sah, aber eine uralte. Als ich den eisernen Deckel hob, gähnte mir ein dunkles Loch entgegen, in dem längst erkaltete Aschenreste lagen. So mancher Topf Suppe mochte einmal über der Glut gebrodelt haben, oder auch die Futterkartoffeln für Gänse und Hühner! Zweifellos war so eine Grude recht praktisch, aber wo sollte man in dieser Zeit Grudekoks herbekommen -!? Nun aber kam das Beste: Ein ebenfalls aus Backsteinen gemauerter Herd, mit schwarzer, halb verrosteter Eisenplatte und fünf schweren Ringen über dem Feuerloch! Hier also würde ich nun kochen müssen für meine große hungrige Familie! Das würde keine leichte Aufgabe sein, und in den kommenden Monaten hat mich die Arbeit mit diesem Herd auch manchmal an den Rand der Verzweiflung gebracht. Der große Essenstopf war nur zum Kochen zu bringen, wenn man mit dem Feuerhaken die Ringe fortnahm und den Topf direkt ins Feuer hing. Aber wieviel Holz war auch dann noch nötig! War es dann geschafft, das Essen gar geworden und verzehrt, dann begann der Kampf mit dem verrußten Topfboden. Der

Sommer verging mit viel ungewohnter und schwerer Arbeit.

Es wurde Herbst, der Winter kam, und wir hatten längst gemerkt, daß der alte gemauerte Herd die Küche, die ja unser Hauptwohnraum war, kein bißchen erwärmte. Wie konnten wir das ändern? Es war klar, daß sie vor allem verkleinert werden mußte. Also beschlossen wir, den großen Waschkessel und die Grude abzureißen und eine Wand zu ziehen. Damit grenzten wir auch die Tür zum Stall aus der Küche aus! Ja, nun war die Küche zwar kleiner geworden - aber kaum wärmer.

Trotzdem überstanden wir auch diesen Winter, aber im folgenden Sommer wollten wir uns doch energisch um einen anderen Herd kümmern. Wo aber sollten wir ihn herbekommen?! Es war fast ein Wunder: In der Zeitung in H., unsrer Kreisstadt, bot jemand "Selbstgefertigte gute Kachelherde" an, zu erschwinglichem Preis! Natürlich schrieben wir sofort und bestellten einen solchen Herd! Und es klappte sogar, die Lieferung wurde uns zu einem bestimmten Tag, per Kleinbahn, zugesagt, und in freudiger Erwartung zogen wir mit dem Handwagen zum Kleinbahnhof. Aber was erwartete uns da! Der Mann, der ihn uns ausliefern sollte, hatte echtes Mitleid mit uns. "Wenn das ein Herd sein soll?" meinte er kopfschüttelnd. Nein, es war keiner mehr. Der "Gute selbstgefertigte Kachelherd" war beim Transport zu einem Wrack geworden, er war einfach in sich zusammengefallen, und mit unsrer Freude auf einen neuen Herd war es vorbei. Welches Glück, daß der "Gemauerte" noch nicht abgerissen war.!

Aber wir gaben noch nicht auf. Nach einiger Zeit hörten wir, daß jemand im Nachbardorf Metallherde fabrizierte, aus welchem zusammengesuchten Material sie auch bestehen mochten. Wir sahen uns also so einen Herd an, und er schien uns ganz vertrauenerweckend — jedenfalls schien er stabiler als der angepriesene Kachelherd zu sein. Als wir nun fragten, was dieser begehrenswerte Herd kosten solle, lachte der Hersteller nur. "Geld?" sagte er, "Ihr Geld können Sie behalten. Zwei schöne Ferkel kostet der Herd, wenn Sie damit zahlen können?!" Mein Mann sah mich an - zwei Ferkel, das war ein hoher Preis für uns. Sie waren eigentlich schon ganz anders "verplant", aber der Herd - der Herd war so wichtig! Schweren Herzens willigten wir in diesen Tausch ein, der Herd gehörte uns!

Nun wurde der Gemauerte wirklich abgerissen. Der neue, zwar etwas merkwürdig aussehende Eisenherd wurde angeschlossen und tatsächlich, es war ein Fortschritt in unserer Wirtschaft!

Aber ach auch dies war kein Idealherd! Die Töpfe kamen zwar schneller zum Kochen, er strahlte auch etwas mehr Wärme aus - aber er fraß unheimlich viel Feuerung und war erkaltet, wenn das letzte Holzstückchen noch flackerte. Aber nun mußte ich mich damit erstmal zufrieden geben. Noch immer gab es im Handel nichts Ordentliches frei zu kaufen, obgleich nun ein paar Jahre seit dem Kriegsende vergangen waren, und für irgendwelche "besonderen Geschäfte" hatten wir kein Geld.

Es war inzwischen das Jahr 1954 geworden. Da starb im Mai eine Tante von uns in Westdeutschland. Als einzige Verwandte bekam ich die Aufforderung, ihren kleinen Haushalt aufzulösen. Die Tante war in Aachen total ausgebombt worden. Es war damals noch nicht allzu schwierig, eine Reisegenehmigung zu bekommen, und ich konnte in den kleinen Ort fahren, wo die Tante zuletzt gelebt hatte. Es gab nicht viel aufzulösen oder zu erben, aber ach, da stand ein wunderbarer weißer schöner Senkingherd, ein Markenherd aus guter alter Zeit! Mein Herz schlug heftiger: Wenn ich den Herd behalten, nach Hause bringen könnte - über die Grenze in die Ostzone! Es wäre fast unvorstellbar schön. Und nun geschah wirklich ein Wunder: Ein freundlicher Mann aus der Nachbarschaft, dem ich mich anvertraut hatte, half mit Rat und Tat! Ich mußte ja wieder abfahren, aber er sorgte dafür, daß dieser schöne begehrenswerte Herd erstmal bis zu einer Station nahe der Grenze im Westen reisen durfte, wo derartige "Objekte" gesammelt wurden. Dort blieb er erstmal stehen, bis ich, nachdem ich wieder zu Hause war, in Berlin bei dem zuständigen Ministerium einen Warenbegleitschein für meinen Traumherd beantragt und nach mancherlei Formalitäten auch bekommen hatte. Danach wurde der Herd wieder in Bewegung gesetzt und kam - mit dem Begleitschein - über die Grenze bis zu unserer Kleinbahnstation, und wir konnten ihn, heil und unversehrt, dort freudestrahlend in Empfang nehmen! Ach - war das ein Ereignis! Endlich - endlich wieder ein richtiger, gut funktionierender Herd! Geradezu feierlich haben wir ihn das erste Mal angezündet und bewundert, wie gut man ihn drosseln konnte und wie wunderbar schnell er Wärme verbreitete! Und wie schnell kochte das Mittagessen,

Wasser wurde daneben in einem kleinen Tank heiß - es war einfach ein Prachtstück! Es schien, als würden wir nun für allen früheren Ärger entschädigt!.

Viele Jahre stand dieser Herd dann in unserer Küche. Unzählige Mahlzeiten wurden auf ihm bereitet, auf all unseren Umzügen begleitete er uns und sah unsere Kinder erwachsen werden.

Aber wie es so geht. Wir waren schon längst nicht mehr Neubauern im Zonen-Sperrgebiet, auf Umwegen waren wir nach Halle gekommen. Es gab nun schon so schöne moderne Elektroherde, so bequem und sauber! Wir fanden, es sei an der Zeit, den nun wirklich etwas alt gewordenen Herd auszutauschen gegen so einen Elektroherd. Also machten wir eines Tages einen Zettel an den Baum vor der Tür: "Gebrauchter Kohleherd billig abzugeben." Es fand sich auch sehr schnell jemand, der ihn haben wollte, und man kam mit einem Lastwagen, denn der Herd war ja schwer.

Nun sah ich doch mit etwas Wehmut, wie der Herd aus der Küche hinausgetragen wurde, es war eben auch ein Abschied. Ich sah zu, wie die Greifer des Lasters ihn erfaßten und hochhoben und über die Wagenplatte schwenkten - und da geschah es: Grade sollte der Herd herabgelassen werden, da löste sich das schwere Unterteil von der Herdplatte und stürzte krachend auf den Boden des Lasters! Es war schrecklich. Es war, als hätte der alte Herd nicht ertragen, abgesetzt, ausrangiert zu werden. Lieber hat er sich selbst zerstört. Zwei Beine waren abgebrochen, es war nur noch ein Trümmerhaufen.

Nachdem wir alle den Schreck überwunden hatten, fuhr der Laster davon, mit den Trümmern unsres alten Freundes zum Schrottplatz, und ich ging ins Haus zurück und fühlte mich fast ein bißchen schuldig.

Der Koch
soll Fremder Essen tolerieren,
auch wenn er's selbst
nicht möcht probieren.

Sigrid Emmerich

Auch eine Küche

Nahe bei Riga, am malerischen Juglas See, befindet sich ein Freilichtmuseum von außerordentlichem Reiz. Bauernhäuser, Stallungen, Scheunen, Badehäuschen aus dem 17. - 18. Jahrhundert, aus waagerechten Balken gefügt. Was uns heute besonders interessiert und was ich beschreiben möchte, ist eine Sommerküche (lett. slietenis). Sie hat die Form eines Zeltes. Schräg in die Erde eingegrabene Stäbe, vorwiegend Bachweide, die sich nach oben zu verjüngen, sind in mehreren Schichten so dicht aneinandergefügt, daß der Raum vor Wind und Regen geschützt ist. Im Raum sind diese Stäbe mit Querhölzern verbunden. An einer Seite befindet sich eine Tür. Ein Stamm mit zwei Gabelungen, an denen wiederum Weidenstäbe mit aus Flachs gedrehten Seilen befestigt sind. Es sind keine Nägel verwendet worden. In der Mitte des Raumes sind Steine gehäuft als Feuerstelle oder auch zu einem Herd zusammengesetzt. Darüber hängt an einem hölzernen Haken oder auch an einer Kette ein Grapen (das ist ein Kessel mit rundem Boden). Die Mahlzeiten bestanden vorwiegend aus Suppen und Grütze. Um die Kochstelle herum standen Baumstümpfe und auch Bänkchen. Man aß aus Lehmschüsseln mit hölzernen Löffeln. Derartige Sommerküchen findet man in Fischerdörfern in Litauen, Estland, Finnland und Schweden.

Eine etwas andere Art von Sommerküche gab es in den Badeorten entlang des rigaischen Strandes, die ursprünglich Fischerdörfer waren. Diese Küchen waren aus ausgedienten Fischerbooten errichtet, zur Hälfte durchgesägt, die Teile vertikal aufgerichtet und mit der Bordkante aneinandergefügt. An einer Seite war eine Tür ausgesägt, in der Mitte ein offener Herd oder eine Feuerstelle. Diese Art Kochstellen wurden an der Küste als Räucherkammern genutzt.

Auf unseren abendlichen Strandspaziergängen beobachteten wir, wie die Fischer mit ihrem Fang zurückkamen, die schwarzen Boote ans Ufer zogen, wie die Frauen flink die Fische auf Bastfäden fädelten und in der Räucherkammer aufhängten. Der vom Holzfeuer entfachte Rauch zog, vom Seewind getrieben, die Dünen hinauf in den Wald. Wir wanderten weiter am Meere entlang. Auf unserem Rückweg, der sinkenden Sonne entgegen, zog der anheimelnde Geruch verglimmenden Holzfeuers und der verführerische Duft frisch geräucherter Fische zu uns herüber. 60 Stück - ein Bund - goldglänzender Strömlinge, wie sie auf Bast gereiht waren, verkaufte die Fischersfrau für nur wenige Santim. Rundstücke oder Wasserkringel (Brötchen oder Brezeln) hatten wir vorsorglich mitgebracht. Im feinen Dünensand sitzend, labten wir uns im Schein der untergehenden Sonne an warmen Strömlingen.

Hans Roob

Eßgewohnheiten in Deutsch-Litta

An den südlichen Ausläufern der "Niederen Tatra" in der Slowakei lebten deutsche Menschen auf einer Sprachinsel - dem "Hauerland" - etwa 700 Jahre bis zum Ende des zweiten Weltkrieges. Sie waren dort hingerufen worden, um die bei Kremnitz entdeckten Goldvorkommen zu erschließen. Doch bald fanden nicht alle in den Goldgruben Arbeit, so daß sich die meisten durch die landwirtschaftliche Nutzung des kargen Bodens der Niederen Tatra ernähren mußten.

In meinem Heimatdorf "Deutsch-Litta" hatte der Kartoffelanbau eine große Bedeutung. Die Ernährungsgewohnheiten, die sich an der beschränkten Nahrungsmittelerzeugung orientierten, waren sehr stark auf den Verbrauch von Kartoffeln eingestellt.

Die drei Hauptmahlzeiten bestanden aus warmen Essen. Zum Frühstück gab es meistens eine Suppe, das "Gretzmehl". Es wurden in Würfel geschnittene Kartoffeln gekocht. Nebenbei wurde eine Einbrenne aus Schmalz oder Rindertalg hergestellt und zu den Kartoffeln gegeben. Als Suppeneinlage rührte man etwas Mehl zu einem festen Teig. Von diesem wurden erbsen- bis bohnengroße Stückchen abgedreht und der Suppe beigemengt, wenn die Kartoffeln gar gekocht waren. Wenn die Teigstückchen beim Kochen nach oben schwammen, war die Suppe fertig. Durch etwas Petersilie und Salz wurde der Geschmack abgerundet. Konnte es sich eine Familie leisten, wurden unter den Teig ein bis zwei Eier gemischt.

Eine gewisse Abwechslung erreichte man dadurch, daß im Wechsel anstatt der Einbrenne Milch verwendet wurde. So hatte man an einem Morgen "eing'brenz Gretzmehl" und am anderen Morgen "Gretzmehl in der Milch". (Die in der eigenen Landwirtschaft erzeugte Butter wurde in der Stadt verkauft und dafür der billigere Rindertalg oder Schmalz verwendet, damit die Hausfrau etwas Wirtschaftsgeld in die Hände bekam.)

Den dritten Morgen wurden "Knitl" gekocht (ähnlich den "Salzburger Nockerln"). Dabei wurden Kartoffeln auf einem Reibeisen gerieben, gesalzen und mit etwas Mehl zu einem zähen Teig verknetet. Inzwischen hatte man in einem Topf Wasser zum Kochen gebracht. Dann tauchte man ein Holzbrettchen ins Wasser und häufte ein bis zwei Löffel Teig darauf. Am vorderen Ende wurde der Teig plattgestrichen und mit einer Gabel in das kochende Wasser geschabt. Wenn die "Knitl" oben schwammen, wurden sie mit einem Sieb abgenommen und in eine Schüssel geschüttet. Als Verfeinerung wurde meist Quark, aber auch in Fett gebräunter Grieß, geriebene Äpfel, Marmelade oder Mohn zugegeben, mit einer Brühe übergossen und vermischt. Knitl wurden nur zum Frühstück gekocht, damit man zur schweren Tagesarbeit was Kräftiges im Magen hatte. Zum Abendessen gab es wieder die zwei Sorten "Gretzmehl" oder Kartoffelbrei und dicke Milch dazu.

Auch fast jedes Mittagessen bestand aus einer Suppe, in der Kartoffeln verarbeitet waren. Man kochte süße oder saure Bohnensuppe, Erbsensuppe, Krautsuppe oder "Raitsch'h", ein Gemisch von Bohnen und Erbsen. Auch saure Kartoffelsuppe stand oft auf dem Speiseplan. Jede Hausfrau und Bäuerin hat das Brot für die Familie selbst im Hause gebacken. Es sollte etwa für zwei Wochen reichen. In vielen Familien wurde ein großer Topf gekochter und zerquetschter Kartoffeln dem Brotteig zugesetzt, um mehr Brot zu erhalten.

Fleischspeisen gab es meist nur an Sonn- und Feiertagen; seltsamerweise wurde dazu Brot gegessen, nicht wie sonst fast immer Kartoffeln. Als ich noch ein kleiner Junge war und die Großmutter das Regiment in der Küche führte, wurden öfter Knödel mit Brimsen zubereitet. Brimsen ist ein recht würziger, herber Schafkäse aus der Slowakei, welcher zu DDR-Zeiten auch manchmal bei uns angeboten wurde. Diese Brimsenknödel wurden ungern gegessen. Wenn dieser Schafkäse oder Brimsen auf die Knödel getan und mit heißer Brühe übergossen wurde, entstand daraus eine zähe Masse, und die Knödel klebten zusammen. Als dann schon meine Mutter kochte, wurde dieses Gericht nicht mehr zubereitet. Die Familie war froh darüber.

Fünfzig Jahre später sollte ich diesen Brimsenknödeln noch einmal begegnen. Der Betrieb, in dem ich arbeitete, hatte einen Patenschaftsvertrag mit einem gleichgearteten Meliorationsbetrieb in Nitra in der Slowakei. Belegschaftsmitglieder aus Nitra kamen für 14 Tage in unser Betriebsferienheim nach Thale im Harz. Im Austausch konnte unser Betrieb eine Anzahl Belegschaftsmitglieder in ihr Ferienheim nach Bojnize schicken (Bojnize war früher ein deutsches Dorf und hieß Weinitz). Da es nur etwa 15 km von Deutsch-Litta entfernt liegt, freute ich mich, zur Delegation zu gehören.

Das Ferienheim war neu gebaut und wie ein Hotel eingerichtet. Der slowakische Heimleiter hatte eine Summe Geld für kulturelle Zwecke für uns zur Verfügung. Obwohl das schöne Bojnitzer Schloß, der einstige Sommersitz der Kaiserin Maria-Theresia, im Winter geschlossen blieb, erreichte der Heimleiter, daß es unsere Delegation aus Halle besuchen konnte. Weil ich der einzige war, der die slowakische Sprache noch einigermaßen verstand und sprechen konnte, habe ich die Erklärungen der slowakischen Führung durch das Schloß ins Deutsche übersetzt.

Da nach einer Fahrt in die Hohe Tatra immer noch Geld aus dem Kulturfond des Heimleiters vorhanden war, führte er uns in das berühmte Gasthaus "Salasch", zu deutsch "Zur Schäferei", im Gebirge der Kleinen Tatra. Dort angekommen, sagte der Heimleiter zu mir: "Wer die Slowakei bereist und nicht das Slowakische Nationalgericht 'Brimdzowe Haluschki' (also Brimsenknödel) gegessen hat, war nicht in der Slowakei". Er wollte eine kleine Portion davon für uns bestellen. Ich war gleich nicht sehr begeistert, aber abraten mochte ich auch nicht. Als dann nach einiger Zeit die Brimsenknödel serviert wurden, fing der Heimleiter zu essen an. Auch ich aß, aber widerwillig, da ich den Heimleiter nicht beleidigen wollte. Als aber die Hallenser sahen, was für eine klebrige Masse sich in den Schälchen befand und sich lange Fäden zogen, wenn man mit der Gabel einige Knödel zum Munde führte, war es mit ihrem Appetit vorbei. Sie haben diese slowakische Nationalspeise, wie sich der Heimleiter ausdrückte, verschmäht. Nur der Heimleiter, meine Frau und ich haben die "Brymd-zowe Haluschki" gegessen.

Auch im Ferienheim erhielten wir zum Abendessen immer warme Speisen mit Fleisch, reichlich und schmackhaft, aber kein Gemüse. Doch eines Abends gab es als Vorsuppe "Gretzmehl in Einbrenne", wie es in Deutsch-Litta jeden Tag gekocht wurde.

Günther Mainzer

Vom Nutzen einer Pelmenimaschine

Pelmeni gehören in unserer Familie seit Jahrzehnten zum Speisenangebot für liebe Gäste. Das besonders im Winter beliebte Gericht ist ein Mitbringsel aus meiner Studentenzeit der 50er Jahre. Pelmeni sind gefüllte Teigtaschen, äußerlich den Maultaschen vergleichbar, was man aber nur für den deutschen Leser zur Erläuterung sagen darf, ein Russe würde den Vergleich gekränkt zurückweisen. Im Laufe der Jahre haben meine Frau und ich die Technologie der Pelmenizubereitung so vervollkommnet, daß es lohnt, dies aufzuschreiben.

Es fing damit an, daß ich in meiner Studentenzeit die Pelmeni im Einhalbkilopack als Halbfabrikat gefrostet im Magazin kaufte. Meine ganze Kochkunst bestand darin, die kleinen Fleischtaschen in siedendem Wasser zu garen. Da mir dabei immer einige aufplatzten, entstand aus dem Wasser so etwas wie eine Brühe. Das war dann schon die einfachste Pelmenistudentenmahlzeit. Wir haben sie auch mit Smetana und Butter als Sibirische Pelmeni gegessen. Aber wie gesagt, ohne das gefrostete Halbfabrikat wäre ich in der Gemeinschaftsküche unseres Wohnheims sehr hilflos gewesen. Im letzten Studienjahr wurde ich dann von russischen Hausfrauen, es waren Mütter meiner Kommilitonen, in die Geheimnisse der Herstellung von Pelmeni nach Hausfrauenart eingeweiht. Ihr Rezept fand ich später auch in den einschlägigen Kochbüchern.

Ein Nudelteig wird dünn ausgerollt und mit der Fleischfülle zu kleinen Taschen, Öhrchen oder Bällchen verarbeitet. Die Fleischfülle besteht aus gewiegtem Rind- und Schweinefleisch. In moslemischen Gebieten nimmt man auch Lamm. Ich plädiere dafür, den Rindanteil gering zu halten. Das Schweinefleisch und auch ein Ei machen die Fülle lockerer als das trockene Rindfleisch. Die Zwiebel dünste ich vorher leicht an, das verfeinert den Geschmack. Ein wenig Knoblauch sollte ebenfalls zugegeben werden, aber Vorsicht!

Ich nahm zu DDR-Zeiten einmal in der Wohnung eines Gastdozenten an einem Pelmeni-Essen teil. Da keine Zwiebeln im Hause waren, nahm der Hausherr nur Knoblauch. Das Durchlüften unserer Poren dauerte zwei Tage. Es bleibt dem Geschick der Köche vorbehalten, in welcher Form man das Fleisch in den Nudelteig hineinbringt. Am einfachsten ist es, mit einem Glas ein rundes Plätzchen auszustechen und die Fleischfülle damit zu umwickeln, wie wir es in etwa beim Füllen eines Pfannkuchens machen. Man kann auch zwei solche Plätzchen ausstechen, das Fleisch dazwischentun und die Ränder zusammendrücken. Damit diese gut kleben, können sie mit Wasser leicht angefeuchtet werden. Die Teigreste knetet man erneut wie beim Weihnachtsplätzchenbacken und sticht weiter aus. Das ist aber kein geschmeidiger Mürbeteig, sondern ein relativ fester Nudelteig. Deshalb werte ich ein

Verfahren als technischen Fortschritt, bei dem möglichst wenige Teigreste beim Ausstechen übrigbleiben. So bedecken wir den ausgerollten Nudelteig nur zur Hälfte mit kleinen Fleischhäufchen schön in Reihen und diese auf Lücke. Dann wird die zweite Hälfte hinübergeklappt und vorsichtig zwischen den Fleischhäufchen angedrückt. Von der Mitte aus beginnt man dann auszustechen. Hat man den passenden Glasdurchmesser, so bleiben kaum Teigreste übrig. Von der Form her können diese Pelmeni allerdings nicht an einem Schönheitswettbewerb teilnehmen. Es werden mehr Halbmonde mit Nase.

Eine tolle Idee hatte ein Freund, der den Teig zu einer Wurst von etwa 3 cm Dicke rollte und mit dem Messer Scheiben abschnitt. Erst diese Scheiben werden mit dem Mangelholz auf 1 mm Stärke und 6 cm Durchmesser ausgerollt. Darauf wird dann die Pelmenifülle getan, zusammengeklappt und verknetet. So hat man überhaupt keinen Teigabfall.

In unserem Haushalt wird eine Pelmeniza verwandt, eine Pelmenimaschine. Nun, Maschine ist übertrieben, es ist mehr eine runde metallene Form mit 37 konischen Löchern von ca. 25 mm Durchmesser. Die Platte ist 12 mm stark und obenauf sind zwischen den Löchern scharfkantige Sechsecke von 2 mm Höhe und 20 mm Kantenlänge. Auf diese Form legt man den ausgemangelten Nudelteig. Die Fleischfülle gibt man nun portionsweise in die Löcher, drückt dabei mit dem Fleisch den unteren Teigboden etwas ein, so daß in jedem Loch eine kleine Halbkugel entsteht. Ein zweiter ausgerollter Nudelteig wird aufgelegt, mit der flachen Hand vorsichtig geglättet. Dann rollt man mit dem Mangelholz über die Form. Die beiden Teighälften verkleben, und durch die scharfen Sechskante entstehen in einem Arbeitsgang 37 Pelmeni. Sie werden auf ein Blech aufgereiht und können in den Gefrierschrank geschoben werden. In Sibirien stellt man die Bleche einfach ins Freie. Nach der Durchfrostung kann man die gefrorenen Pelmeni portionsweise in Beutel füllen und im Gefrierschrank weiter aufbewahren. Die Pelmeniza gestattet es, auch für eine große Schar zu erwartender Gäste, Pelmeni zu fertigen, ja sogar welche auf Vorrat zu produzieren. Allerdings wird damit auch der Spaß hinfällig, der in der russischen Küche üblich ist, nämlich die Pelmeni gemeinsam mit den Gästen anzufertigen. Unsere kleine Neubauküche hätte dafür ohnehin nicht genügend Platz.

Einige Stunden vor der Mahlzeit geben wir die gefrorenen Pelmeni kurz in heißes Wasser, damit das Mehl abgespült wird. Jetzt muß man aber aufpassen, daß sie nicht aneinanderkleben. Dazu legen wir sie in Reih und Glied auf ein Tuch. Ist die obere Teigschicht angetrocknet, werden die Pelmeni noch einmal einzeln gewendet, so daß auch die untere Seite trocken wird. Inzwischen ist die Brühe vorbereitet, das Rinderkochfleisch in kleine Würfel geschnitten, auch Möhren und anderes Suppengemüse zugegeben.

Die Pelmeni werden vorsichtig in die kochende Brühe getan; immer darauf achten, daß keine aneinanderkleben. Bei leichtem Sieden, nicht Kochen, garen die Pelmeni. Fertig sind sie, wenn alle oben schwimmen. Sicherheitshalber probiert der Koch aber einige, schneidet sie auf und überzeugt sich, ob sie 'durch' sind. Ein hochprozentiger Wodka darf beim Pelmeni-Essen nicht fehlen. Er rundet das Mahl erst ab.

Wir bekamen eine Pelmeniza von Woronesher Freunden geschenkt und erzielten damit eine Produktionssteigerung von mehreren hundert Prozent. Inzwischen haben wir jeder unserer vier Töchter ein solches Gerät besorgt. Eine Pelmeniza, die durch uns als Zwischenhand ging, befindet sich jetzt in den USA. Wir hatten unsere Pelmeniza an Bekannte ausgeliehen, die mit dem Gericht eine Wissenschaftlerfamilie aus den Staaten so begeisterten, daß die russische Pelmeniza als praktisches Souvenir mit über den großen Teich ging. Diesen Beitrag zur Völkerverbindung haben wir gern geleistet, auch in der Hoffnung, daß in einem so hochentwickelten Land, wie es die USA sind, mit einem einfachen Küchengerät den Tüten- und Fertiggerichten ein wenig Paroli geboten werden kann.

Pelmeni
Zutaten für 4 - 5 Personen
Teig:
250 g Mehl

$^1/_2$ Tasse Milch oder Wasser
1 Ei und etwas Salz
Füllung:
300 - 400 g gewiegtes Rind- und
Schweinefleisch
1 - 2 Zwiebeln (leicht geröstet)
1 Ei, Pfeffer, Salz und andere Gewürze
Außerdem Rindfleischbrühe mit Gemüseeinlage

Gisela Brauer

Küchenerlebnisse in Mittelasien

Strenggenommen gab es keine Küche, sondern nur einen eisernen, schalenförmigen Kessel. Rußbeschmiert, ohne Griffe und Henkel wurde er auf dem Rücken eines geduldigen Esels in unser Zeltlager transportiert. Alles Weitere unserem Geschick und unserer Phantasie überlassen. Da standen wir nun - 3800 m über dem Meeresspiegel - an einem malerischen See des Fangebirges und mußten sehen, wie wir zurechtkamen. Das nächste tadschikische Dorf, ein paar armselige Hütten, war ca. acht Stunden entfernt, Samarkand zwei Tagesreisen. Dazu kam, daß unsere zwanzig Mann starke Truppe keinerlei Expeditionserfahrung besaß. Wir hatten in der DDR nicht wie im Westen die Möglichkeit, auf Erprobtes und Langbewährtes zurückzugreifen. Wir waren froh, daß uns unser Verband wenigstens Tropenbrot besorgt hatte. Wenn es hier schon keine Kartoffeln gab, sondern wir von Reis, Nudeln und Fertigsuppen leben mußten, so wollten wir wenigstens ab und zu in eine kräftige Schnitte beißen.

Zunächst einmal hieß es, Steine zum Bau eines notdürftigen Ofens zu sammeln, auf dem der Kessel stehen sollte. Geheizt wurde er mit den Zweigen der Artscha, einer wacholderähnlichen Pflanze. So galt es, jeden Tag auf Holzsuche zu gehen. Im Wechsel hatten zwei Mann Küchendienst und waren für Essen und Trinken verantwortlich. Ich atmete jedesmal auf, wenn ich es geschafft hatte. Man mußte sehr vorsichtig hantieren, damit der Herd nicht unter der Last zusammenbrach. Durch die große Oberfläche der Satte verdunstete schnell die Flüssigkeit, so daß wir ständig rühren mußten, damit das Essen nicht anbrannte.

Nachdem wir so über eine Woche gelebt hatten, ersuchte unser Leiter zwei Sportfreunde, von den umherziehenden Hirten einen kleinen Hammel zur Bereicherung unseres Küchenzettels zu kaufen. So kam ein niedlicher schwarzer Bock in unser Lager, mit einem weißen Fleck auf der Stirn, großen gebogenen Hörnern und feurigen Augen. Allerdings stank er fürchterlich. Nachts schrie er, daß ich keinen Schlaf fand, denn es klang wie das Weinen eines kleinen Kindes. Obwohl wir die schönsten Gräser für ihn suchten, verweigerte er die Nahrung und wollte nicht einmal Wasser. Es war, als ob er sein Schicksal ahnte. Eines Morgens, als ich zum Glück spät erwachte, war das Unvermeidliche geschehen. Unser Lagerarzt hatte ihn in aller Stille getötet, und ohne großes Wehklagen hatte er sein Leben ausgehaucht. Er hing an einem Ast, und das Fell war bis auf den Kopf bereits abgezogen. Im See wurde er gewaschen und anschließend mit feinem Salz abgerieben. Die Innereien in der Suppe ausgekocht. An einem behelfsmäßigen Spieß mit Draht festgebunden, wurde der Bock dann stundenlang gedreht und gebraten. Wie im "Wilden Westen" saßen wir abends am Lagerfeuer und ließen es uns schmecken. Ich brachte nur wenige Bissen hinunter. Immer noch sah ich das verstörte und teils aggressive Tier vor mir. Aber auch ohne uns hätte er das gleiche Schicksal gehabt. In diesen Höhen, bei den starken Schwankungen zwischen Tag und Nacht, kann man nicht vegetarisch leben, weil nichts mehr wächst. In den Jurten waren die Getränke Milch und heißer Tee. Im nahen Kulikalon (Blauer See) gab es Fische und sonst nur die anspruchslosen Schafherden. Ein karges Leben vor einer großartigen Kulisse der Natur: blauer wolkenloser Himmel, kristallklare Seen, Fünftausender mit Gletschern und ewigem Schnee. Manchmal konnte ich gar nicht fassen, daß wir näher am Nanga Parbat als an Moskau waren. In der klaren Luft sah alles zum Greifen nah aus, aber das war ein Irrtum. Es waren Tagesreisen. Fremde sah man schon von weitem kommen und hielt dann Tee oder auch Milch zum Gruß bereit. Alle wußten aus Erfahrung, daß ein langer Weg hinter dem Kommenden lag und eventuell ein noch längerer vor ihm. So wurde mit einer großen Selbstverständlichkeit gegeben und Gegengaben meist zurückgewiesen. Nachts schrieb ich in mein Tagebuch die Verse:

>Hier muß der Mensch des Menschen Bruder sein
>auf sich allein gestellt, wird er vergehn.
>Der Fremde kehrt als Gast bei Fremden ein
>man bricht das Brot, man bietet Tee statt Wein
>und kann oft nicht ein Wort des Danks verstehn.

Besonders ist mir eine junge Tadschikin in Erinnerung, die bei einer Rast am Kulikalon auf uns zutrat, in den Händen eine volle Schale Milch tragend, die sie uns lächelnd anbot. Sie hatte wunderschöne strahlende Augen mit dichten schwarzen Wimpern und Brauen. Augen von einer seltenen Leuchtkraft. Ich verstand zum ersten Mal in meinem Leben den Ausdruck „Augen wie Sonnen". Sie hätte an jedem Schönheitswettbewerb der westlichen Welt teilnehmen können. Aber dann hätte sie sicher nicht mehr diese unnachahmliche Würde gehabt, mit der sie uns begegnete.

Wieder in Samarkand, wurden wir noch einmal mit Hammelfleisch bewirtet. Diesmal saßen wir nicht am Feuer, sondern in einer warmen Sommernacht beim Schein des Mondes auf der Veranda einer Datsche, die in einem wunderschönen Obstgarten lag. Auf silbernen Platten wurde der traditionelle körnige Reis geboten, mit Hammelfleisch, geriebenen Möhren und vor allem Knoblauch sehr schmackhaft zubereitet. Nach alter Weise gab es keine Löffel, sondern er wurde mit zwei Fingern der rechten Hand von der Platte genommen und zu einem Kloß gedreht in den Mund gesteckt. So wie es auch Karl May oft beschreibt. Aber nach der fastenreichen Zeit im Gebirge nahm keiner daran Anstoß. Andere Länder - andere Sitten. Ich hielt mich allerdings mehr an das herrliche Obst, das wir so lange entbehrt hatten.

Das Umgewöhnen in der DDR fiel nach einer solchen Reise schwer. Hier schmeckte auch weder der grüne Tee, den wir in Asien kannenweise getrunken hatten, noch wollten wir Reis und Hammel. Wir hielten es wieder mit unserer traditionellen Kartoffel und zogen Kaßler und Rouladen vor. Die Erhabenheit der Bergwelt, die 2500jährige Stadt mit den wunderschönen Bauten der Timuriden und die liebenswerten Begegnungen mit den dort lebenden Menschen sind aber unvergessen.

Usbekischer Plow

400 g fettes Hammelfleisch

200 g Hammel- oder Rindertalg

5 Zwiebeln bzw. Knoblauch, 3 - 4 Möhren

Salz/Pfeffer

500 - 750 g Reis

Das Fleisch kleinschneiden, in eisernem Kessel oder einer Pfanne in stark erhitztem Fett anbraten, dann Zwiebeln und Möhren (in Stäbchen geschnitten) dazugeben und mit dem Fleisch bräunen. 1 l Wasser auffüllen, salzen, pfeffern und zum Kochen bringen. Den gewaschenen Reis in den Kessel schütten und die Oberfläche glätten. Sobald das Wasser eingekocht ist, werden mit dem Rührlöffel einige bis zum Kesselboden reichende Vertiefungen eingedrückt. Damit der Plow nicht anbrennt, gießt man in diese Vertiefung jeweils ein bis zwei Löffel heißes Wasser. Nun wird der Kessel dicht verschlossen und muß noch 20 - 30 Minuten auf sehr schwachem Feuer stehen.

Usbekischen Plow türmt man auf einer Platte zu einem Berg auf und bringt ihn mit rohen Zwiebelstäbchen bestreut zu Tisch.

Günther Mainzer

Woanders ist alles anders

Nicht immer und nicht überall werden Mahlzeiten in einer Küche zubereitet, und die Grenze kulinarischer Raffinesse wird nicht nur durch den Mangel an Nahrungsmitteln und Zutaten bestimmt. Bei Hirtenvölkern ist auch heute oft die Küche die Weite der Landschaft mit dem Himmelszelt als Dach, und der Herd ist ein Lagerfeuer. Lassen Sie mich deshalb in dieses Bukett der Küchengeschichten und Rezepte eine exotische Blüte aus der Mongolei einfügen.

Im Sommer 1980 durfte ich an einer Expedition der Biologen der Staatlichen Mongolischen Universität Ulan Bator und der Martin-Luther-Universität Halle-Wittenberg teilnehmen. Die Untersuchungen einer Mäuseart, der Berwühlmaus "alticula", führte uns in den Altai. Unsere Zelte standen im Tal eines Flüßchens mit dem romantischen Namen "Reiches Herz", 2500 m über dem Meeresspiegel. Dabei darf man sich unter Tal nicht etwa eine Thüringer Landschaft vorstellen, sondern mehr eine Steinwüste ohne Strauch und Baum. Das Flüßchen mit dem romantischen Namen stürzt auch nicht zu Tale, es findet überhaupt keinen Weg in eines der Weltmeere, sondern versiegt schließlich in der Wüste Gobi. Selbst im Monat August ist das Wasser eiskalt, und das Thermometer zeigt 6.00 Uhr früh nur 2 °C.

Das Abschiedsessen am Vorabend der Rückreise mit Jeep und LKW besteht aus einem Murmelgericht, traditionell zubereitet. Das Murmeltier ist am Vortag vom Professor nach strapaziöser Fahrt mit dem Jeep über große Steinfelder und durch ausgetrocknete Flüsse, noch einige hundert Meter höher als unser Lager, fast an der Schneegrenze, erlegt worden. Heute nun wird der Murmel zubereitet. Abziehen, ausnehmen, das Fleisch in handliche Stücke zerlegen und würzen, das ist in unseren Breiten bei Zicklein oder Kaninchen auch nicht viel anders. Die Garung unterscheidet sich aber doch wesentlich. Für das Feuer wird trockener Kamelmist gesammelt. Holzzweige gibt es nur etwa so wie bei uns Anmacherholz in Gestalt fein gespaltener Holzscheite. Neben dem Brennmaterial werden aber auch faustgroße abgeschliffene Steine gesucht. Diese kommen zuerst ins Feuer, schön lange, nicht bis zum Glühen, aber doch so, daß man sie als Wärmsteine gut hätte nutzen können. Dann beginnt die eigentliche Prozedur der Garung. In eine vorgewärmte Milchkanne, wie die bei uns früher benutzten Kannen zum Transport der Milch in die Molkerei, wird abwechselnd eine Schicht heiße Steine und dann Fleischstücke hineingelegt. Die Kanne wird etwas seitlich vom Feuer aufgestellt, damit die Wärmezufuhr gerade so den Wärmeverlust ersetzt. Nach einer Stunde ist die Mahlzeit fertig. Das gegarte Fleisch wird anders als bei uns Pflanzenessern ohne weitere Beigabe vom Knochen abgenagt. Ein

Glas Archi, ein hochprozentiger Korn, ist die einzige pflanzliche Zutat. Hauptnahrung für den Mongolen ist nun einmal nicht die Kartoffel oder die Mehlspeise, sondern das Fleisch. Als besondere Delikatesse wird die Leber in kleinen Würfeln von 1 cm Kantenlänge verzehrt. Ich will keinen glauben machen, daß ich mit großem Appetit gegessen habe. Die im Sud entstandene Brühe aus Kaffeetassen genüßlich zu schlürfen, bleibt ohnehin nur einigen mongolischen Feinschmeckern vorbehalten.

Das Wichtigste aber kommt noch: Ein sehr heißer Stein wird in die Hand genommen und dann reihum weitergereicht. Damit übertragen sich alle Heilwirkungen des Murmels über den Stein auf den Menschen, der diesen Stein mit der Hand fest umschließt, möglichst so lange, daß er sich die Handfläche noch nicht verbrennt. Dem konnte ich mich natürlich nicht verschließen. Alle Heilwirkungen sind seitdem auf mich übergegangen. In der Tat fühle ich mich bis heute gesund und wohl. Mein Hausarzt freut sich immer beim Blutdruckmessen, weil er auch mal einen vorbildlichen Blutdruck registrieren kann.

Sigrid Emmerich
Die Piroggen - Bäckerei

Vom Mehl ein Kilo nehme man,
füg' einen Würfel Hefe dran,
die aufgelöst, wie jeder weiß,
in warmer Milch, nicht gar so heiß.

Auch sei das Salz nicht zu vergessen.
Die Milch sei reichlich zu bemessen -
dreiviertel Liter ungefähr!
Auch Schmalz und Butter müssen her,

etwa ein reichlich halbes Pfund,
die machen das Gebäck gesund.
Vom Kardamom 'ne Messerspitze
verleihet die pikante Würze!

Man lasse erst den Vorteig steh'n,
und auch die Fettigkeit zergeh'n.
Jetzt knete alles mit Elan,
bis blank der Teig sich zeigen kann.

Mit einem weißen Tuch bedecke
den Teig in einer warmen Ecke.
Denn er muß langsam gehen auf,
'ne Stunde etwa geht darauf.

Derweil kann man den Speck zerschneiden,
in kleine Würfel - gut zu leiden.
Die Zwiebel auch gehört dazu,
zerschnitten fein in aller Ruh'

und ohne Tränen zu vergießen,
daß sie nicht den Genuß vermiesen.
Die Mutter hat es mich gelehrt,
wie man jetzt mit dem Teig verfährt:

Ein mittelgroßes Stück vom Teig
formt man zu einer Wurst sogleich.
Man schneidet Scheiben dann geschickt,
die man mit Fingern flachgedrückt.

Drauf einen Löffel Speck und Zwiebel,
geformt zum Halbmond - gar nicht übel,
bestrichen mit verquirltem Ei
und schnell gebacken: eins - zwei - drei.

Im Küchenherd, nach Bäckers Art,
'ne drittel Stunde dann gegart,
sind die Piroggen, knusprig braunen,
ein Hochgenuß für jeden Gaumen.

Nachwort

Dieses "unwiederbringliche Küchenbuch" läßt alle als Lügner erkennen, die sich heutzutage angenehm nähren und glauben, darüber hinaus wäre die Welt nun erklärbar oder in Ordnung. Die gestreckten Kartoffelsuppen oder die sich achtungsvoll grüßenden Murmeltieresser sind mir in meinem "Hunger nach Welt" wesentlich lieber, obwohl ich auf mein saftiges Stück Steak oder einen Pinot Grigio nicht mehr verzichten möchte. Den Hunger - nein, ich möchte ihn nicht kennenlernen. Der Appetit auf Welt aber möge mir bleiben. Genau davon reden zum Teil erstaunliche Texte. Denn, wenn es in das sehr Konkrete geht, schreiben die Damen und Herren des Senioren-Kreativ-Vereines verblüffend belletristische Texte. In diesem ihrem zweiten Buch geht also die Liebe durch den Magen - ebenso der Krieg und erschütternde Armut. Mir geht allmählich auf, wie reich doch unsere "Altvorderen" an Erfindung und Erfahrung sind. Gewiß, so manches, was sie beschreiben, wäre vielleicht heute unverzehrbar, aber manchmal knurren mir Magen und Ahnung gleichzeitig, wenn ich lese, was sie an "Herd und Feuer" zustande brachten. Die holzschnittartig beschriebenen Armentöpfe von Hans Roob etwa - ich glaube, es hat dennoch geschmeckt. Und ist unwiederbringlich. So wie die Sommerküchen aus dem Baltikum bei Sigrid Emmerich hier spannend und zu Recht wieder erinnert werden. Wer ihre Piroggenkunst kennt, weiß, man kochte nicht nur mit (meist sauberem) Wasser, sondern auch gut. So wie sie oft Geschichten und Geschichte erzählen. Sie tun das streckenweise mit einer Verve und Schönheit, daß ich, um beim Thema zu bleiben, ein zubereitetes Schmalz sein möchte, nämlich ausgelassen.

Wilhelm Bartsch

Inhalt

Gisela Brauer	Vorwort	3
Gisela Brauer	In Großmutters Küche	6
Ursula Schmidt	Die Geschichte vom Meineid-Schnaps	7
Helmut Reichmann	Das Küchenbüffet oder das fliegende Geschirr	10
Charlotte Stürzebecher	Schwenkkartoffeln mit Apfelmus und Leberwurst	13
Ingeborg Prowatschker	Der Kartoffelsalat am Himmelfahrtstag	16
Klaus Peschke	Die erste Weihnachtsgans	19
Günter Klein	Der Wandschmuck	23
Gisela Brauer	Auch eine Küchengeschichte	25
Sigrid Emmerich	Die Hühnerbouillon	30
Edelgard Keilhoff	Ein Tag bei Oma in der Küche	31
Peter Stassen	Der Küchenknall	33
Erika Mielisch	Karpfen blau	36
Edelgard Keilhoff	Die Graupensuppe	38
Klaus Peschke	Weihnachtsplätzchen	41
Ingeborg Prowatschker	Die Klütersuppe	43
Erika Mielisch	Ostereier	46

Elsa Friedrich	Bierhappen	48
Elli Kettmann	Strunzelsuppe	50
Erika Mielisch	Die Kochkiste	52
Helmut Reichmann	Der Gänsebraten oder die Unsterblichkeit der Seele	53
Günter Klein	Makkaronigericht	56
Gisela Stock	Das alte Kochbuch	60
Helmut Reichmann	Die Küchenuhr	67
Chalotte Stürzebecher	Eigner Herd	71
Sigrid Emmerich	Auch eine Küche	80
Hans Roob	Eßgewohnheiten in Deutsch-Litta	82
Günther Mainzer	Vom Nutzen einer Pelmenimaschine	87
Gisela Brauer	Küchenerlebnisse in Mittelasien	92
Günther Mainzer	Woanders ist alles anders	98
Sigrid Emmerich	Die Piroggen-Bäckerei	101
Wilhelm Bartsch	Nachwort	104